# MARCO POLO

W0228373

# BURGUND

Reisen mit **Insider Tipps**

> Burgund steht für alte Kulturen, opulente Tafelgenüsse und quirliges Leben.
> *MARCO POLO Autor*
> *Manfred Görgens*
> (siehe S. 123)

**Spezielle News, Lesermeinungen und Angebote zu Burgund:**
www.marcopolo.de/burgund

# BURGUND

## > SYMBOLE

 **MARCO POLO INSIDER-TIPPS**
Von unserem Autor
für Sie entdeckt

⭐ **MARCO POLO HIGHLIGHTS**
Alles, was Sie in Burgund kennen sollten

☀ **SCHÖNE AUSSICHT**

📶 **WLAN-HOTSPOT**

▶▶ **HIER TRIFFT SICH DIE SZENE**

## > PREISKATEGORIEN

**HOTELS**
€€€ über 100 Euro
€€ 60–100 Euro
€ unter 60 Euro
Die Preise gelten pro Nacht
für zwei Personen im Doppel-
zimmer mit Frühstück

**RESTAURANTS**
€€€ über 40 Euro
€€ 30–40 Euro
€ unter 30 Euro
Die Preise gelten für ein Essen
mit Vor-, Haupt- und Nach-
speise ohne Getränke

## > KARTEN

[110 A1] Seitenzahlen und
Koordinaten für den
Reiseatlas Burgund

Karten zu Autun, Auxerre,
Beaune und Dijon finden Sie
im hinteren Umschlag

Zu Ihrer Orientierung sind
auch die Objekte mit Koordinaten versehen, die nicht im
Reiseatlas eingetragen sind

# INHALT

## > SZENE

S. 12–15: Trends, Entdeckungen, Hotspots! Was wann wo in Burgund los ist, verrät die MARCO POLO Szeneautorin vor Ort

## > 24 STUNDEN

S. 90/91: Action pur und einmalige Erlebnisse in 24 Stunden! MARCO POLO hat für Sie einen außergewöhnlichen Tag rund um Dijon zusammengestellt

## > LOW BUDGET

Viel erleben für wenig Geld! Wo Sie zu kleinen Preisen etwas Besonderes genießen und tolle Schnäppchen machen können:

Ermäßigungen mit dem Dijon Pass S. 43 | Für 10 Euro übernachten S. 56 | Kostenlose Weinprobe S. 64 | Ofenfertige Gourmetgerichte S. 74

## > GUT ZU WISSEN

Was war wann? S. 10 | Spezialitäten S. 26 | Blogs & Podcasts S. 34 | Chambre d'hôte S. 40 | Beschlagnahmt! S. 45 | Bücher & Filme S. 46 | Ste-Madeleine S. 59 | Einmal Kapitän sein S. 66 | Taizé S. 79

### AUF DEM TITEL

Im Hausboot über den Canal du Nivernais S. 88
Felsenklettern am Saussois S. 94

# ENTDECKEN SIE BURGUND!

Unsere Top 15 führen Sie an die traumhaftesten Orte und zu den spannendsten Sehenswürdigkeiten

*Die Highlights sind in der Karte auf dem hinteren Umschlag eingetragen*

### 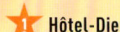 Hôtel-Dieu
Unter den bunten Dächern von Beaune erstreckt sich ein kunstvoller Kranken-saal für die Armen der Stadt. Der Hospizwein wurde zu ihrem Wohl ver-kauft (Seite 32)

### Château du Clos de Vougeot
Ein berühmtes Weinschloss wie aus dem Bilderbuch liegt inmitten saftigen Grüns zwischen Dijon und Beaune. Alljährlich werden hier während der „Trois Glorieuses" die Hospizweine versteigert (Seite 36)

### Château de La Rochepot
Der romantische Wiederaufbau einer mittelalterlichen Festung überragt ein unscheinbares Dorf nahe Beaune (Seite 36)

### Herzoggräber
Bildhauer schufen in Dijon einen ergrei-fenden Trauerzug für die Gräber der burgundischen Herzöge. Die Pracht ist längst ins Museum umgezogen (Seite 39)

### Abbaye de Fontenay
Die Abtei der Zisterzienser ist so glänzend erhalten wie keine andere (Seite 43)

### Châteauneuf-en-Auxois
Die dörfliche Welt einer abgeschiede-nen Bergfestung lädt zum Wohnen und Träumen ein (Seite 44)

### Fachwerkhäuser von Auxerre
Die Altstadt am Ufer der Yonne mit ih-ren verwinkelten Gassen erweist sich als Open-Air-Museum der Holzbauweise (Seite 49)

# > DIE BESTEN MARCO POLO HIGHLIGHTS

 **Basilique Ste-Madeleine**
Vézelay besitzt allen Zauber der romanischen Kunst (Seite 58)

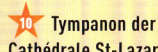 **Canal du Nivernais**
Ab Châtillon-en-Bazois tuckern Sie im Hausboot an den Schokoladenseiten Burgunds vorbei (Seite 65)

**10 Tympanon der Cathédrale St-Lazare**
Der Schöpfer dieser grandiosen romanischen Reliefs ist ausnahmsweise namentlich bekannt (Seite 70)

**11 Musée de la Civilisation Celtique**
Wie die Kelten lebten und wie sie sich gegen die Römer wehrten, erfahren Sie am Mont Beuvray bei einer ehemaligen Gallier-Siedlung (Seite 74)

 **12 Cluny**
Selbst der kümmerliche Rest der einst größten Kirche Europas weckt Erstaunen (Seite 77)

 **13 Solutré**
Der Nationalfelsen bietet eine hervorragende Aussicht, wurde aber vielen Tieren der Frühzeit zum Verhängnis (Seite 79)

 **14 St-Philibert**
Eine romanische Abtei steht in Tournus am Rande der schönsten Flusslandschaft (Seite 83)

 **15 Château de Cormatin**
Das Schloss quillt über vor Gold und Malereien. Im Garten verwirrt Sie ein Labyrinth (Seite 85)

# WAS
# FÜR
# EINE
# REGION!

Felsen von Solutré

> Tiefroter Wein, sattgrüne Wälder, Rebstöcke und Wiesen unter blauem Himmel, dazwischen viele romanische Kirchen und bunte Dächer. Burgund steht für alte Kulturen, opulente Tafelgenüsse und quirliges Leben. Sonnenreiche Urlaubsfreuden wird Ihnen der Besuch eines Weinguts bereiten, aber auch die Landpartie zu einem versteckten Schloss oder die Fahrt im Hausboot über schier endlose Kanäle. Am Ende des Tages ist der Tisch für Sie mit köstlichsten Speisen gedeckt, kreiert von Altmeistern der Kochkunst, experimentierfreudigen Newcomern oder den traditionsbewussten Gastwirten eines Bauernhauses.

> Burgund ist eine Farbe. Warm und rot, als sei sie der Lebensquell schlechthin. Wenn Sie dieser Farbe begegnen möchten, steigen Sie hinab in dunkle Keller, und schauen Sie – mit genussvoller Mäßigung – den Weingläsern auf den Grund. Wahrer Insider werden Sie, wenn Sie eine solche Weintour nicht mit dem Auto zurücklegen, sondern zu Fuß oder mit dem Fahrrad im geruhsamen Tempo, das noch Zeit für ein Gespräch mit dem Winzer lässt. Danach wird es Sie nicht mehr erstaunen, dass vom *bœuf bourgouignon* bis zum *coq au vin* nahezu alle handfesten Genüsse der Bourgogne, also Burgunds, mit dem Saft der tiefroten Trauben durchtränkt sind.

Als komplementären Farbkontrast präsentiert die Region das satte Grün ihrer sanft gewellten Hügel mit blauem Himmel und Sommersonne. Dies ist, wenn auch nicht nach strengen geografischen Maßstäben, offenkundig die goldene Mitte Frankreichs, eine überquellende Palette fast aller Kostbarkeiten, die *la France* zum Paradies machen. Fast, denn auf Meereswellen müssen Sie in Burgund verzichten, nicht jedoch auf anderen Wasserspaß. Ob Saône, Loire, Yonne oder Seine – die Flüsse mit klangvollen Namen ziehen ihre Schleifen durchs Land und bieten vielfältige Möglichkeiten zur sportlichen Betätigung, vom Kanufahren bis zum Rafting. Seglern und Windsurfern eröffnen zudem die Seen des Morvan ein blaues Paradies.

> ### Burgund ist eine Farbe – warm und rot

Bei allem Augenmaß schielen die Menschen gelegentlich nach den Sternen. Das tat auch Burgunds bekannteste Schriftstellerin namens Colette. Als 20-Jährige kehrte sie dem Dorf St-Sauveur-en-Puisaye den Rücken, um nach Paris zu gehen, wurde Dichterin, Schauspielerin und

Angeln, wie hier in La Charité-sur-Loire, ist für viele Franzosen mehr als eine Passion

Femme fatale. Halb nackt stand sie in Zeiten der Prüderie auf der Bühne und führte vor einem staunenden Publikum Pantomimen auf.

Dabei kann Colettes burgundische Heimat geradezu als Musterfall mönchischer Kultur gelten. Keim der Frömmigkeit war das mittelalterliche Kloster Cluny, das die Regeln des heiligen Benedikt entlang der Jakobswege etablierte. Mit dem Weinbau sicherte der Orden seine Existenz, wahren Reichtum aber erlangte er mit den Pilgerströmen. Cluny und seine Tochterklöster quollen über vor Pracht, die Burgunds romanische Kirchen zu Meilensteinen der Kunstgeschichte erhob. Den Weg zurück zu Bescheidenheit und klösterlicher Strenge suchten die Zisterzienser in Cîteaux – nur um abermals von einer schlichten Tatsache überrollt zu werden: Die burgundischen Ideen überzeugten die Welt und bescherten auch den Zisterziensern unverhofft die Macht, der sie entfliehen wollten.

Der „Pilgerweg des Vertrauens auf der Erde" setzte im Zweiten Weltkrieg ein neues religiöses Signal, dem heute jährlich etwa 200 000 Jugendliche aus aller Welt nach Taizé folgen. Auf ein Vierfaches beläuft sich die Zahl derer, die als Kulturreisende oder nach alter Pilgertradition – vor allem im Juli zur *Fête de la Madeleine* – die Basilika von Vézelay besuchen. Denn die Französische Revolution hat die Religion nur vorübergehend zum Schweigen bringen und den Bildersturm nie vollenden können, auch nicht in den Schlössern, deren Inventar bis heute vom Wohlstand des *Ancien Régime* kündet.

> **Burgunds romanische Kirchen: Meilensteine der Kunstgeschichte**

Dem alten folgte das neue Regime, mit ihm kam 1789 eine neue Verwaltungsordnung, die auf der Landkarte Spuren hinterließ. Frankreich ist seither in Departements zerschnitten, vier sind es in Burgund: Côte d'Or, Yonne, Nièvre und Saône-et-Loire. In einem Land der Traditionen haben sich freilich auch die Territorial- und Flurbezeichnungen früherer Zeit bewahrt: Auxois, Bazois, Beaunois, Brionnais und manche andere.

Das Dickicht der Bezeichnungen macht es Ihnen gewiss nicht leichter, Ihre Routen zu ordnen. Wohl aber erschließt es Ihnen ein Stück burgundischer Seele, die an Vertrautem fest-

# WAS WAR WANN?

**600 v. Chr.** Das keltische Burgund betreibt Handel mit Griechen

**52 v. Chr.** Die Gallier unter Vercingetorix werden bei Alesia von den Römern geschlagen

**4. Jh.** Ausbreitung des Christentums

**5. Jh.** Skandinavische Stämme von Bornholm (Burgunderholm) besiedeln die Region

**534** Burgund fällt an die Franken

**843 und 870** Bei den Teilungen des Karolingerreichs zerfällt das alte Burgund

**um 910** Benediktiner gründen Cluny

**1098** Gründung des Zisterzienserordens in Cîteaux

**1364–1477** Die vier Grands Ducs bescheren ihrem Herzogtum Burgund eine goldene Ära. Sie endet mit dem Tod Karls des Kühnen in der Schlacht von Nancy

**1493** Im Frieden von Senlis erhält Frankreich Burgund

**1789** Ausbruch der Französischen Revolution

**1836** In Le Creusot entsteht ein Zentrum der Metallindustrie

**1851** Eisenbahn zwischen Paris und Dijon

**um 1880** Die Reblaus vernichtet Burgunds Weinstöcke

**1972** Bei einer Gebietsreform entsteht die Region Burgund

**ab 2004** Bau eines Technologieparks in Dijon

**2005** Ordensgründer Frère Roger wird in Taizé ermordet

hält. So finden Sie im Zentrum einer jeden Region auch eine Stadt voller Geschichtsbewusstsein, ob pulsierend und von feinstem Kunstsinn erfüllt wie Dijon, dem Wein ergeben wie Beaune, von südlicher Lebensart gepackt wie Mâcon oder seiner römisch-romanischen Vergangenheit verhaftet wie Autun.

Daneben gibt es jene Städte und Dörfer, denen die Zeit einfach so davonraste, die – wie Semur-en-Auxois – im Dornröschenschlaf verweilen und darauf warten, dass ein neuer Impuls sie wachküsst. Die erfolgreiche filmische Inszenierung einer solchen Erweckung trug den Titel „Chocolat" und brachte das Örtchen Flavigny-sur-Ozerain in Aufruhr. Eine ganze Gemeinde fieberte während der Dreharbeiten im Taumel der heißen Schokolade. Doch kaum hatte das Team aus Hollywood die Koffer gepackt, sank Flavigny zurück ins balsamische Milieu seiner Anisbonbons, deren nostalgisches Markenzeichen ein Liebespaar mit Schaf vor einem Brunnen zeigt. So ist Burgund: dem Modernen nicht abgeneigt, doch den Traditionen verhaftet. Entsprechend lässt sich die Region auch entdecken: in den Weinen und Speisen den Nachhall feudaler Bankette erahnen, dem windschiefen Fachwerk die Geschichten ihrer Bewohner ablauschen oder in einem modern ausgestatteten Hausboot durch Burgunds idyllische Landschaften gleiten.

Schon lange hat sich dieser versonnene Landstrich jedoch so manchem Diktat der Neuzeit gebeugt. Zwischen den Ackerparzellen sind die

Hecken gerodet, um Platz zu machen für modernste Maschinen. Ungehin-

> **Dijon: modernste Fassaden und eine verträumte Altstadt**

dert schweift daher der Blick oft kilometerweit über reizlose Mono-

Auch Climber entdecken inmitten der Hügel, etwa bei Auxerre und Beaune, die reizvollsten Steilwände für ihre Kletterpartien.

Und selbst die Hauptstadt Dijon eröffnet Ihnen hinter modernsten Fassaden aus Glas und Stahl eine verträumte Altstadt, in der Sie die

In Dijon vereint sich ein historisches Zentrum mit dem jungen Flair einer Universitätsstadt

kulturen. Und doch warten am Horizont landschaftliche Attraktionen auf Sie, falls Sie sich vom allzu Vordergründigen nicht blenden lassen: Seen und Wälder im Naturpark des Morvan, Weindörfer und Winzerfeste an der Côte d'Or, Schluchten und Grotten im Macônnais oder eine weltabgewandte Flussidylle bei Avallon. Solche Orte sind die idealen Ziele für ausgiebige Rad- und Wandertouren.

Gewissheit erlangen werden, dass Zeit die absurdeste aller Illusionen ist. So dürfen Sie denn im Kaffeehaus trödeln, sich vor alterslosen Regalen 1001 Senfsorten erklären lassen, im Rhythmus der Weinbergschnecken burgundische Lebensweisheiten atmen und sich fragen, ob diese goldene Mitte Frankreichs womöglich den Schlüssel zum Schlaraffenland besitzt.

# ▶▶ WAS IST ANGESAGT?

Trends, Entdeckungen und Hotspots. Unser Szene-Scout
zeigt Ihnen, was in Burgund los ist

### Laurence Gueritey

Die freie Journalistin ist in Dijon geboren und
kennt sich nicht nur in der dortigen Modeszene
aus, sondern weiß auch, was in der Literatur ab-
geht. Obwohl die Französin zurzeit in Aachen
wohnt, fährt sie so oft wie möglich nach Burgund. Dort erkundet unser Szene-Scout die
neuesten Trends. Wenn Laurence Gueritey Ab-
stand vom Alltag braucht, genießt sie am liebs-
ten die herrliche Landschaft rund um Dijon.

# ▶▶ UNGEWÖHNLICH SCHLAFEN

### Wenn die Nacht
### zum Erlebnis wird

Die Hotels der Region lassen sich immer verrück-
tere Ideen einfallen, um
ihren Gästen einen unver-
gesslichen Aufenthalt zu
bereiten! Im *Aqualogis*
in St.-Firmin werden die
Gäste von sanften Wellen
in den Schlaf gewiegt:
Das Haus aus Holz und
Metall schwimmt auf ei-
nem privaten See *(Le Moulin de Mesvrin, Les Vernizeaux, www.aqualogis.fr)*. Die
*Domaine de Poiseuil* macht den Aufenthalt zum Erlebnis: Hier kann man zwischen
einer Nacht im Indianer-Tipi oder im Baumhaus wählen. Zum Beispiel in 8 m Höhe in der
Cabane du Chêne mit Blick in die Wipfel *(Le Haut St-Albain Poiseuil, Viré, 6 km nördl. von
Mâcon, www.poiseuil.com)*. Auf den Spuren des fahrenden Volks wandeln kann man in
den *roulottes de gitans*: Hier wird im gemütlichen Zigeunerwagen genächtigt *(acht-
mal im Burgund, z.B. Les Roulottes du Bazois, Châtillon-en-Bazois, Infos unter www.
roulottes-de-campagne.com, Foto)*.

# SZENE

▶▶ **MODERN ART**

### Kreative Dynamik

Die moderne Kunstszene macht mobil! Immer mehr Vereine und Galerien erkennen das Potenzial der Künstleravantgarde und setzen sich für ihre Förderung ein. Der *Parc St-Léger* in Pougues-les-Eaux bietet jungen Kreativen im *Centre D'Art Contemporain* eine Plattform *(Avenue Conti, www.parcsaintleger.fr,* Foto*)*. Auch die *Galerie Interface* fördert die junge Kunst: In großzügigen Räumen in Dijon haben schon Nachwuchskünstler wie Guillaume Millet und Jérôme Chazeix ausgestellt *(12, rue Chancelier de l'Hôpital, www.interface-art.com)*. Wer es wie Philippe Fertray geschafft hat, findet im *L'Atelier Cantoisel* in Joigny den passenden Rahmen für eine Ausstellung *(32, rue Montant au Palais, www.cantoisel.com)*.

▶▶ **AUF DIE BÄUME!**

### Trendsport: Accrobranche

Wer braucht schon Felsen, wenn es Bäume gibt? Kletterfans haben *Accrobranche* für sich entdeckt. Bei der Trendsportart, auch *Tree-Climbing* genannt, erklimmen Actionfans mithilfe von Seilen, Netzen und Ähnlichem hohe Bäume. Und das ist noch nicht alles: Oben angekommen, führt der Weg durch die Wipfel! Den Aufstieg in den

Abenteuerwald ermöglicht unter anderem *Adventure & Nature (Domaine Ste Anne, route de Saussy, Messigny-et-Vantoux)*. Auch beim *Parcours Aventure* von *Vertical Sports (7, rue Magnon Pujo, Gevrey-Chambertin, www.vertical-sports.com)* geht es hoch hinaus. Allgemeine Infos zum Trendsport gibt's unter *www.dans-les-branches.com*.

## ▶▶ HUT IST GUT

### Extravaganter Kopfschmuck

Hüte sind in Burgund schwer angesagt! Immer mehr Designer aus der Region entwerfen extravagante Exemplare, um schöne Gesichter in den passenden Rahmen zu setzen. Hutmacherin Sara Tintinger arbeitet u. a. für Dior,

Thierry Mugler, Paco Rabanne – und für ihr eigenes Label: Unter dem Namen *Bibi et Bob (3, rue Quentin, Dijon, www.bibibob.com,* Foto*)* entwirft sie ausgefallene Kopfbedeckungen – zum Beispiel aus Stroh oder Sisal für Madame und mit Leoprints aus Satin oder Wolle für Monsieur. Mit Seidentaft und Tüll arbeitet Renée Lapalus – für ihre extravaganten Hutkreationen ist die Designerin schon über die Grenzen von Salornay-sur-Guye berühmt (*1, grande rue, www.reneelapalus.com*). In Chalon-sur-Saône lassen sich Fans von klassischen Filzhüten im *Chapeau Chic et Gants de Cuir (7, rue Fèvres)* den Kopf verdrehen.

## ▶▶ BIKING HOCH ZWEI

### Nicht ohne mein Fahrrad

Radfahren ist im Burgund nicht gleich Radfahren, denn hier wird der Sport auf zwei Rädern zum Event. Mit dem ersten regionalen Radwanderwegenetz Frankreichs legen sich die Behörden mächtig ins Zeug. Die neuen Routen bieten mehr als nur eine Wegbeschreibung – sie wollen die vier Departements voll zur Geltung bringen und binden Kultur, Natur und Genuss gleichermaßen mit ein. Service wird dabei großgeschrieben. So führt die Tour von Beaune nach Santenay durch die Weinberge und empfiehlt zur Einstimmung einen Weinworkshop des *Bureau Interprofessionnel des Vins de Bourgogne (12, bd. Bretonnière, Beaune, www.vins-bourgogne.fr)*. Neben Infos zu Unternehmungen gibt es Tipps zu Unterkünften und Restaurantbesuchen. Außerdem erfahren Biker, wo sie Räder ausleihen oder reparieren können. Mehr Infos unter *www.la-bourgogne-a-velo.com*.

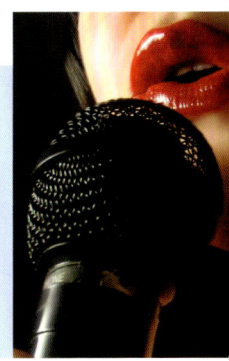

## ▶▶ KARAOKE KOMMT

### Burgund singt mit!

Ob in Clubs, Bars oder Cafés: Es wird zum Mikro gegriffen und zum Sound vom Band der Lieblingssong geträllert. Klassische französische Chansons stehen hier ebenso auf dem Programm wie englische Hits. Ein Hotspot: *Le Niepce* in Chalon-sur-Saône *(19, place de l'Hôtel de Ville)*. Bei *Hunky Dory (5, av. du Maréchal Foch, Dijon)* ist das Publikum trendy, und im *Cintra* trällern Nachtschwärmer zu den Hits von *Abba* bis zu Philippe Zwan *(13, av. du Maréchal Foch, Dijon, http://cintra.cafe.free.fr)*.

## ▶▶ WEIN-BEAUTY

### Wellness mit Wein

Wein ist das neue Beautygeheimnis anspruchsvoller Wellnessfans. Peeling Cabernet, Massage Amour de Bacchus und sonstige Anwendungen aus der Vinotherapie stehen hoch im Kurs. Im *Château de Pizay* entspannt man mit Pflegeprodukten aus Extrakten des Beaujolais. Wohlklingende Vino-Anwendungen wie *Exception du Château* sind hier der Renner *(Morgon, St-Jean D'Ardières, www.chateau-pizay.com)*. Auch das Ehepaar Ferton bietet seit Kurzem im *Château du Four de Vaux* Wellnessbehandlungen mit Wein an *(Varennes Vauzelles, www.chateau dufourdevaux.com)*. Im *Spa Bourgogne* entspannt man bei einer Massage 1er Cru *(14, place de l'Hôtel de Ville, Meursault, www.spa-en-bourgogne.com, Foto)*.

## ▶▶ CABARET

### Moulin Rouge war gestern!

Dem Pariser Vorbild stehen die Varieté-Shows in Burgund in nichts nach. *La Ruche Gourmande* in Perreux bringt raffinierte Küche und Cabaret auf einen Nenner und punktet mit glamourösen Showeinlagen und extravaganten Outfits *(Perreux, www. laruchegourmande.com, Foto)*. Das *Cabaret la coupole des anges* versetzt seine Gäste mit wechselnden Shows in eine wunderbare Welt zwischen Traum und Wirklichkeit *(Bussy-en-Othe, 30 km von Auxerre entfernt)*.

Kultur und Agrikultur sind die Eckpfeiler einer Region, die mit Gemütlichkeit und vielen leiblichen Genüssen lockt

## BENEDIKTINER

Schon im frühen Christentum trachteten Mönche danach, der dekadenten Welt der Spätantike zu entfliehen. Im 5. Jh. verfasste Benedikt von Nursia strenge Klosterregeln, die später der Benediktinerorden übernahm. Im Zentrum stand neben Mildtätigkeit und Nächstenliebe die Formel „Ora et labora", bete und arbeite. Doch gerade dieses Armutsideal geriet mit der zunehmenden Macht des Mutterklosters Cluny, von dem aus einst die Geschichte Europas gelenkt wurde, zur sinnleeren Formel. Nachdem Guillaume der Fromme auf alle Rechte an seiner Klostergründung verzichtet hatte, konnte sich Cluny ungewöhnlich frei entfalten und im Lauf seiner Geschichte über 2000 Tochterklöster gründen. Die Einnahmen aus der Jakobspilgerschaft ließen das Kloster florieren und ermög-

Bild: Säulenfragmente der Benediktinerabtei Cluny

# STICH WORTE

lichten ab 1088 den Ausbau der Abtei, die zu einem wahren Weltwunder wurde: 187 m lang, darüber ein Wald von Türmen. Seit der Französischen Revolution begannen Barbaren mit dem Abriss der Abtei. Heute stehen nur noch bescheidene Reste.

Dabei hat Cluny nicht nur mönchische Ideale geprägt. Vielmehr gingen von dort auch wichtige Impulse auf die romanische Architektur Burgunds aus, abzulesen an noch heute erhaltenen Abteien wie Paray-le-Monial oder Tournus, die zum Tourismusmagneten wurden. Deren steinerne Gewölbe über weiten Räumen kamen auch dem Wunsch nach, eine makellose Akustik für die liturgischen Gesänge zu erzielen. Strahlenden Glanz erhielten die Kirchen durch einen opulenten Skulpturenschmuck, wie ihn Ste-Madeleine in Vézelay und St-Lazare in Autun bewahrt haben.

# CHAROLAIS-RINDER

Charolles liegt an einem Nebenfluss der Loire, ein unscheinbares Örtchen, von dem aus der Bauer Claude Mathieu 1773 nach Norden gezogen sein soll, um seinen weißen Rindern neues Weideland zu erschließen. Längst hat sich die Rasse über Burgund verbreitet und ist wegen des zarten Fleischs zum Exportschlager geworden. Charolles selbst bewahrte seine Viehmärkte, wobei dort allerdings zunehmend Schafe den Besitzer wechseln. Das eindrucksvollere Spektakel findet ohnehin in St-Christophe-en-Brionnais statt, wo sich die Züchter zu einem der größten Rindermärkte Frankreichs treffen.

# LES CHEVALIERS DU TASTEVIN

*Tastevin* ist eine kleine Probierschale für Wein, vielleicht das einzige Trinkgefäß, das namensgebend für eine Ritterschaft ist. Die relativ junge *Confrérie des Chevaliers du Tastevin* wurde 1934 gegründet, als es mit den burgundischen Weinen bergab ging und die Winzer ihr Image aufzupolieren suchten.

Über dieses edle Ziel sind die Ritter längst hinausgeschossen. Auf Schloss Clos de Vougeot, ihrem Stammsitz seit 1944, empfangen sie in purpurroter Robe und mit ritterlichem Ritual die erlauchten Häupter der Weinschickeria, um Burgunds gute Tropfen in aller Munde zu führen.

Bruder wird man nicht auf eigenen Wunsch, sondern durch Ernennung. Jeweils am ersten der „drei ruhmreichen Tage", der *Trois Glorieuses* am dritten Novemberwochenende, nimmt die Confrérie neue Mitglieder mit Glanz und Gloria in ihren Reihen auf. Diese festliche Sitzung am Ende der Weinlese, verfeinert durch Lobeshymnen, Trinklieder und Bankette, ist die bedeutendste der jährlich 16 *chapitres,* eben jener Zusammenkünfte im Schloss, bei denen der Weinritter sieht und gesehen wird.

Auf ritterschaftlichem Brauch ist auch die *St-Vincent Tournante* gewachsen, ein Fest für den Weinpatron Vinzenz, das an wechselnden Orten der Côte d'Or stattfindet. *www.taste vin-bourgogne.com*

# COLETTE

Henry „Willy" Gauthier-Villars war ein berühmter Pariser Schriftsteller, so berühmt, dass er eigentlich nur schreiben ließ. Auch „Madame Willy" lieferte ihm literarisches Zubrot, darunter die als „Claudine-Romane" bekannten Bestseller. Der Stoff und die eigentliche Autorin stammten aus St-Sauveur-en-Puisaye in Burgund, wo Sidonie Gabrielle Colette 1883 geboren wurde.

Unter eigenem Namen schrieb sie erst nach ihrer Trennung von Willy, war dann auch als Journalistin tätig, trat im Varieté auf und wurde ausnahmsweise als weibliches Mitglied in die Ehrenlegion aufgenommen. Nach großartigen Erfolgen und zwei weiteren Ehen starb sie 1953. Über ihren Ruhm freute sich das oftmals pikierte St-Sauveur so recht erst nach ihrem Tod und richtete im Schloss ein Colette-Museum ein.

## FARBIGE DÄCHER

Kunstexperten schreiben ihnen flämischen Ursprung zu. In der Tat reichte das Herzogtum der Grands Ducs bis hinauf nach Flandern, doch das farbige Muster der Dachpfannen ist so sehr Abbild des herbstlichen Weinlaubs, dass die Dächer einfach in der Bourgogne verwurzelt scheinen. Prächtige Beispiele sind das Hospiz in Beaune und die Kathedrale von Dijon.

## FÉLIX KIR

Wo die Gallier den Römern unterlagen, in Alise-Ste-Reine, wurde 1876 ein neuer Held geboren: Félix Kir,

Kanoniker, Bürgermeister Dijons und im Zweiten Weltkrieg Widerstandskämpfer gegen die Deutschen. Nachdem er 5000 französischen Kriegsgefangenen zur Flucht verholfen hatte, wurde er zum Tod verurteilt, dann aber begnadigt. Als er 1968 starb, hinterließ er der Welt über eine menschliche Botschaft hinaus auch den Namen für sein Lieblingsgetränk: den Aperitif Kir, der dem burgundischen Johannisbeerlikör *cassis* die Süße durch Zugabe von Weißwein nimmt.

## KANÄLE

Von der Idee bis zum ersten Spatenstich 1774 vergingen über 150 Jahre. Fertig war der Canal de Bourgogne allerdings erst 1843. Wenige Jahre später sollte ihm die Eisenbahn den

Charolais-Rinder weiden das ganze Jahr über auf den grünen Wiesen Burgunds

Rang als Transportweg ablaufen. Die betrübliche Geschichte wiederholt sich bei anderen Kanälen Burgunds, doch die kühnen Planer hinterließen erstaunliche Kapriolen: Schleusen, Aquädukte, Tunnel, Brücken. Diese technischen Meisterleistungen ihrer Zeit begleiten die Freizeitkapitäne der Gegenwart, die den alten Kanälen zu einer neuen Bestimmung verholfen haben. Kein Urlaub ist so entspannend wie das Leben an Bord eines Hausboots, das mit 4 km/h durch Burgund tuckert.

## LANDWIRTSCHAFT & LANDFLUCHT

Etwa 50 Einwohner pro Quadratkilometer – Burgunds Bevölkerungsdichte erreicht gerade mal die Hälfte des frankreichweiten Mittelwerts. Immerhin 94 Prozent der Gesamtfläche sind Land- und Forstwirtschaft gewidmet. Vor allem im Norden künden weite Monokulturen von fruchtbarem Boden, für dessen Bestellung wenige Arbeitskräfte genügen. Auch der Weinbau an der Côte d'Or, die Rinderzucht im Süden und die Forstwirtschaft im Westen und im Zentrum benötigen vergleichsweise wenige helfende Hände.

Ergebnis ist eine starke Landflucht, spürbar vor allem im Morvan. Nur 1,6 Mio. Menschen leben in Burgund, davon über 40 Prozent in Städten. Nachdem das Stahlzentrum Le Creusot, ehemals die große Waffenschmiede der Nation, seine Bedeutung verloren hat, verlagert sich der städtische Arbeitsmarkt auf Elektronik oder Dienstleistung.

## NATUR

Seit die Autobahn kurze Wege nach Burgund geschaffen hat, sind die Schleusen offen für Millionen Erholungsuchender aus Paris. Damit hat sich aber auch das Idyll auf den Rückzug begeben, heiß begehrt von den gestressten Parisern, die sich an frischer Luft sportlich betätigen möchten. Ihr Reservat befindet sich im Zentrum Burgunds und trägt den Namen *Parc Naturel Régional du Morvan*. Der 1970 geschaffene Naturpark mit markierten Wanderwegen und großen Seen für den Wassersport erstreckt sich mit knapp 2000 km² über alle vier Departements. Sein höchster Punkt ist der *Haut-Folin* (901 m), ein abgebrochener Riese aus schwarzem Granit. Ringsum erstreckt sich das wasserreiche Herz Burgunds, über dem meist Nebel und Regenwolken geduldig verharren. Einst nutzten Flößer die Ströme, um Holz nach Paris zu verfrachten, jetzt dient das „schwarze Gebirge" (Morvan), das landwirtschaftlich kaum zu nutzen ist, als Refugium für Pflanzen, Tiere und naturbegeisterte Städter. Information: *Maison du Parc in St-Brisson. www.parcdumorvan.org*

## RÖMER

Im berühmten Comic um Asterix kreist manche Episode um die Schlacht von Alesia 52 v. Chr., als Rom die Gallier besiegte. Der Schauplatz befindet sich nicht weit von Dijon auf dem Mont Auxois, wo die Statue des besiegten Vercingetorix zum Pilgerziel wurde. Während das Denkmal erst aus dem 19. Jh. stammt, besitzt Burgund auch authentische Zeugen der Römerzeit, darunter das gut sortierte Museum auf dem Mont Beuvray, einst Standort der gallischen Siedlung *Bibracte.* In ihrer Nähe gründeten die Römer 10 v. Chr. *Augustodunum* (Autun). Dort sind Reste von Stadttor, Tempel und Theater erhalten. Immerhin vier Jahrhunderte währte die römische Herrschaft, dann fielen die Alemannen und Franken in Burgund ein.

## STADTLEBEN

Von Senf bis Fachwerk reichen die Stichworte, die Dijon zum Tourismusmagneten machen. Rings um das altstädtische Idyll zieht sich jedoch ein Gürtel der Innovation, der immer mehr hypermoderne Bauten als Empfangskomitee an die Ausfallstraßen stellt. Im Kontrast liegt die eigentliche Würze der burgundischen Hauptstadt. Eine solide Grundlage für das Einvernehmen zwischen Tradition und Moderne bereitet der Denkmalschutz. 1966 wurden fast 1 km$^2$ der Altstadt zu einer der größten Schutzzonen Frankreichs erklärt. Hinter den konservierten Mauern hat sich ein modernes Lebensgefühl etabliert, getragen von Künstlern, Studenten und jungen Managern.

## ZISTERZIENSER

Clunys Macht und Reichtum erschien manchen als Verrat an den benediktinischen Ideen der Askese und Demut. Robert de Molesme errichtete 1098 daher ein unabhängiges Kloster in Cîteaux, das durch Selbstversorgung und Bescheidenheit zu

Naturpark Morvan: Flüsse, Seen, Staubecken und riesige Waldflächen

den geistlichen Wurzeln zurückkehren wollte. Um Cîteaux als Keimzelle des bald ebenfalls mächtigen Zisterzienserordens entstanden Tochterklöster. Deren Erbauer verzichteten ganz im Unterschied zu den Benediktinern auf überbordenden Schmuck. Entsprechend verkörpert Fontenay, Burgunds besterhaltenes Zisterzienserkloster, einen nüchternen Geist mit einem hellen Chor als symbolischem Sitz Gottes.

# AUS TRUNKENER LIEBE ZU VINZENZ

Burgunds Feste ranken sich vor allem um den Schutzpatron der Winzer, doch gibt es Überraschungen abseits der Tafelfreuden

> Wenn im Herbst die Traubenlese erledigt ist, beginnt der Reigen der Weinfeste. Im Frühjahr gesellen sich Pilgerfahrten, Messen und Feste hinzu. Der Sommer ist die Zeit der Konzerte und ausgelassenen Festivals.

## OFFIZIELLE FEIERTAGE

**1. Jan.; Ostermontag; 1. Mai; 8. Mai** (Kriegsende 1945); **Christi Himmelfahrt; Pfingstmontag; 14. Juli** (Nationalfeiertag); **15. Aug.** (Mariä Himmelfahrt); **1. Nov.** (Allerheiligen); **11. Nov.** (Kriegsende 1918); **25. Dez.**

## FESTE & LOKALE VERANSTALTUNGEN

### Januar
*St-Vincent Tournante* in der Côte d'Or: am Samstag nach dem 22. Jan. Prozession an wechselnden Orten zu Ehren des Weinpatrons

### Februar
*St-Vincent Tournante* in Chablis: Weinfest am 1. Wochenende

### Februar/März
*Karneval* in Chalon-sur-Saône: der zweitgrößte Karneval Frankreichs

### März
*Vente des Vins des Hospices* in Chalon-sur-Saône, Auxonne und Nuits-St-Georges: Verkauf der Hospizweine

### Pfingsten
*Montgolfiade* in Chalon-sur-Saône: Heißluftballonfest
*Pèlerinage du Sacré-Cœur* in Paray-le-Monial: Pilgerfahrt
*Fête de la Bague* in Semur-en-Auxois: mehrtägiges Fest mit Umzügen und ältestem Pferderennen Frankreichs

Insi
Tip

### Juni
*Fêtes de la Saône* in Chalon-sur-Saône: in der 2. Monatshälfte zehntägiges Fest am und auf dem Fluss
*Keltische Johannisfeuer* in Mont-St-Vincent am Sonntag vor dem 24. Juni
*Festival de Musique Baroque et Classique* in Beaune: einmonatiges Musikfest

*Aktuelle Events weltweit auf www.marcopolo.de/events*

# > EVENTS
# FESTE & MEHR

**Juli**

*Les Zaccros d'ma Rue* in Nevers: zehntägiges Fest der Straßenkünstler

*Fête de l'Escargot* in Andryes: am 13. Juli Schneckenfest

*Joutes Nautiques* in Clamecy: am 14. Juli Fest der Flößer mit Lanzenstechen

*Son et Lumière* im Château St-Fargeau: jeden Freitag und Samstag von Mitte Juli bis Ende August Show mit 600 Schauspielern

*Grandes Heures* in Cluny: Konzerte von Mitte Juli bis August

*Pèlerinage de la Ste-Madeleine* in Vézelay: große Wallfahrt am 22. Juli

*Musique en Morvan* in Autun und Vézelay: Chorfestival in der 2. Julihälfte

**August**

*Augustodunum* in Autun: 1. Augustwoche Historienspiel im Amphitheater

*Fête Folklorique* in Charolles: Biennale mit internationaler Folklore am 1. Sonntag

*Fête du Grand Morvan* in St-Léger-sous-Beuvray: Mitte August Folklore und Radrennen

*Fête du Bœuf Charolais* in Saulieu: dreitägiger Viehmarkt in der 2. Augusthälfte

**September**

*Festival Musique* in Gevrey-Chambertin: zweiwöchiges Fest rund um Wein und Musik

*Pèlerinage* in Alise-Ste-Reine: am Wochenende vor dem 7. Sept. Wallfahrt in historischen Kostümen

*Bol d'Or* in Magny-Cours: in der Monatsmitte 24-stündiges Motorradrennen

**Oktober**

*Fête des Vins* in Chablis: Weinfest am letzten Wochenende

*Nevers à Vif:* Ende Oktober Rockfestival in Nevers

**November**

*Trois Glorieuses* in Nuits-St-Georges, Beaune, Meursault: Weinfest am 3. Wochenende (Samstag Treffen im Schloss Clos de Vougeot, Sonntag Weinversteigerung in Beaune, Montag Festessen in Meursault)

## > GENÜSSE NACH BURGUNDER ART

Aus bäuerlichen Wurzeln ist auf dem fruchtbaren Boden Burgunds ein Olymp für Gourmets gewachsen

> **Saulieu ist kein Ort, über den man in Deutschland viele Worte verliert. Anders in Frankreich, das spätestens seit dem 16. Jh. die Gastronomie dieses burgundischen Dorfs in den Himmel hebt.**

Über viele Windungen hat sich das kulinarische Prestige auf das gesamte Burgund ausgedehnt, das heute einen Rekord hält: Keine andere Region Frankreichs kann auf so viele Spitzenköche verweisen. Ein besonders eifriger Sammler lukullischer Sterne war Küchenmeister Bernard Loiseau aus Saulieu. Als er seine Auszeichnung verlor und Selbstmord beging, gerieten die Kochkritiker selbst ins Kreuzfeuer. Mittlerweile haben sie neben Altmeistern wie Jean-Luc Barnabet (Auxerre) und Marc Meneau (St-Père-sous-Vézelay) Platz für junge Wilde eingeräumt. Da ist William Frachot in Dijon (Chapeau Rouge), Tüftler mit Hang zum Internationalen. Da sind Jérôme und Maria

> *www.marcopolo.de/burgund*

# ESSEN & TRINKEN

Brochot in Montceau-les-Mines (Le France Restaurant), bei denen auch das Einfache immer appetitlich angerichtet sein muss. Da ist Alexis Billoux in Dijon (Le Pré aux Clercs), stets rastlos und innovativ. Wer sich dort an einen der *Grandes Tables* setzt, sollte den Geldbeutel gut gefüllt und ein Wörterbuch parat haben. Denn der Genuss wird schon in Worten zelebriert, etwa so: *escargots de Bourgogne aux courgettes grillées et au lait d'amandes épicé.* Kern solcher Kreationen sind landestypische Grundlagen, in diesem Fall Burgunder Weinbergschnecken, um die der Starkoch seine Variationen rankt, hier gegrillte Zucchini und ein Mandelmus.

Eher deftig, mit viel Butter angereichert und sehr schmackhaft ist das, was die ländliche Küche serviert. Ihr Credo: gute, frische Zutaten aus der Region, oft aus einem sehr kleinen Einzugsgebiet, wo vielleicht die besten Barsche gefangen werden oder die schmackhaftesten Schalotten gedeihen. Die besonders tief verwurzelten Bauerngerichte, *coq au vin* oder *bœuf bourguignon,* bauen auf die Kraft eines guten Weins. Da wird schnell mal eine ganze Flasche geleert, damit das Fleisch vom Charolais-Rind oder vom Bresse-Huhn auch richtig mundet.

Der gute Ruf hat eine Kehrseite, denn vielerorts, vor allem in touristischen Zentren, kommt inzwischen auch miserable Qualität zu stolzen Preisen auf den Tisch. Sie werden ein feines Gespür benötigen, um den Braten früh genug zu riechen. Ansonsten hilft es Ihnen nur, sich auf die gern gegebenen Empfehlungen der Einheimischen zu verlassen. Und

## > SPEZIALITÄTEN
### *Genießen Sie die typische Küche Burgunds!*

*andouillette de Chablis* – Wurst aus Schweineinnereien in Weißwein
*bœuf bourguignon* – in Rotwein mariniertes Rindergulasch mit Karotten, Speck und Champignons (Foto)
*civet de lièvre* – Hasenpfeffer in Rotwein mit Zwiebeln, Speck und Pilzen
*coq au Chambertin* – nicht in irgendeinem Wein, sondern in bestem Gevrey-Chambertin zubereitetes Hähnchen
*escargots de Bourgogne* – Burgunder Schnecken mit Champignons
*flamusse aux pommes* – Apfelauf-

lauf mit einer Biskuithaube
*fondue bourguignonne* – Fondue mit Rinderfilet und diversen Saucen
*gaude* – Maismehlsuppe

*gougères* – Vorspeise in der Art eines Windbeutels, der aber eine Käsefüllung enthält
*grapiau* – Speckpfannkuchen aus dem Nivernais
*jambon braisé à la lie du vin* – in Hefewein gekochter Schinken
*jambon persillé* – gekochter Schinken in Petersiliengelee
*œufs en meurette* – pochierte Eier auf Toastbrot mit angedickter Rotweinsauce und Speck
*pain d'épice* – Gewürz- oder Honigkuchen aus Dijon
*paupiette de veau* – gefüllte Kalbsroulade
*pôchouse* – verschiedene Süßwasserfische in Weißwein zu einer Suppe gekocht und mit Croûtons serviert
*poire belle dijonnaise* – Birne mit einem Sorbet aus Cassis
*poulet de Bresse à la crème* – Bresse-Huhn in einer Weißwein-Sahne-Sauce
*quenelle de brochet* – Hechtklößchen, oft in Bärlauchsauce
*sauce bourguignonne* – dunkle Sauce aus Rotwein, Schalotten, Thymian, Lorbeer und Petersilie

outen Sie sich nicht gleich als Dilettant, indem Sie einen Tisch einfach so in Beschlag nehmen: In Frankreich weist der Kellner den Platz zu.

Nach guter französischer Sitte ist auch in Burgund das Abendessen die Hauptmahlzeit, während mittags oft ein preiswertes Tagesgericht *(plat du jour;* mit Nachtisch *menu du jour)* gereicht wird. Das Diner bestellt man *à la carte* oder wählt eines der meist günstigeren Menüs mit mindestens drei Gängen, wobei nach dem Dessert oder einer Platte mit Burgunds Käsen – es gibt annähernd 30 Sorten – der *petit café* getrunken wird.

Ansonsten sollten Sie außerhalb der üblichen Mahlzeiten möglichst keinen Hunger haben. Mittags steht das Essen zwischen 11.30 und 14 Uhr auf dem Tisch, abends ab 19.30 Uhr. In kleinen Orten und im Winterhalbjahr werden die Türen früh geschlossen, manchmal schon vor 22 Uhr. Letzte Zuflucht wäre dann eine Brasserie, in der Flüssiges mehr Bedeutung hat als die kredenzte Hausmannskost. Die gibt es allerdings auch zu Zeiten, die Franzosen sonst als „unmöglich" betrachten.

Ein wirklich edler Tropfen wird in Burgund nach wie vor nicht offen serviert. Schon das Etikett der Flasche verrät ziemlich viel über deren Inhalt. Da wäre zunächst die *A.O.C.,* die *Appellation d'Origine Contrôlée.* Diese kontrollierte Herkunftsbezeichnung verweist auf das jeweilige Anbaugebiet, das seinerseits in Lagen *(climat)* unterteilt wird. Die weitere Sortierung nimmt Bezug auf die Qualität der Lage, das wären in aufsteigender Folge *Appellations Régionales,* die den Hauptanteil ausma-

chen, ferner die schon besseren Weine mit dem Zusatz *Village,* darüber *Premiers Crus* und schließlich die 32 *Grands Crus.*

Nur herausragende Weine der besten Lagen dürfen sich *Grands Crus* nennen

Grundsätzlich ist Burgund ein eher kleines Weinbaugebiet, das als schmales Band zwischen Dijon und Mâcon verläuft. Als Faustregel für die Rotweine kann gelten, dass ihre Qualität von Nord nach Süd abnimmt, um erst im Beaujolais, schon außerhalb Burgunds, wieder zuzulegen. Die wirklich großen Namen begegnen Ihnen jedenfalls im Gebiet um Beaune: Gevrey-Chambertin, Vosne-Romanée, Nuits-St-Georges, Pommard. Bei den Weißweinen hingegen stehen Chablis im Nordwesten und Pouilly-Fuissé im Süden an der Spitze, während der Meursault eine echte „Insel" in der Rotwein-Gegend von Beaune bildet.

# BURGUNDS VERLOCKENDE WAREN

Wo Lukullus ein solches Paradies bereitet, gehört Nahrhaftes
auch in den Einkaufskorb

> Zu den schönsten Mitbringseln aus Burgund zählen all die Dinge, die sich verzehren lassen: Mit dem Genuss erwacht die Erinnerung, um verdaut zu werden und dem Appetit auf die nächste Reise Platz zu machen. Doch auch andere Schätze eignen sich als Reiseandenken.

## HERZHAFTES

Obelix hatte einen Urvater, er hieß Gargantua und konnte laut Rabelais Berge von Schinken, Würsten und Ochsenzungen in sich hineinstopfen. Allerdings benötigte der Riese schaufelweise Senf, um die strammen Portionen im Magen verbrennen zu können. *Moutarde,* wie die Würze in Frankreich heißt, ist wörtlich „brennender Most". Senfkörner entfalten ihre Schärfe und verdauungsfördernde Wirkung nämlich erst, wenn sie gemahlen und mit Flüssigkeit vermischt werden. Dijon schwört auf braune Senfkörner und kennt eine Vielzahl von Rezepturen für das Endprodukt, wobei jeder echte Dijon-Senf mindestens 28 Prozent Trockenmasse und höchstens 2 Prozent der beim Mahlen entfernten Senfhülse enthält.

Ein geschmackvolles Mitbringsel ist auch Käse aus Burgund, doch erweist sich dieser oft auf der Heimfahrt nicht gerade als zurückhaltender Wegbegleiter. Ohne Kühlbox läuft da nichts – oder alles, wie man's nimmt. Deshalb sind Käse und viele andere Köstlichkeiten, die man auf Wochenmärkten erhält, in der Regel weniger zur Mitnahme geeignet als steril verpackte Ware aus den großen Supermärkten. Deren Auswahl ist allerdings ebenfalls verführerisch.

## KUNSTHANDWERK & ANTIQUITÄTEN

Burgundische Korbwaren und Keramik werden von vielen Reisenden geschätzt, aber es gibt auch ein breites Angebot an Antiquitäten, so in der Altstadt von Dijon wie auch in kleineren Städten, etwa Tournus. Wer so tief nicht in die Tasche greifen möchte, sollte sich gelegentlich in Museumsshops umsehen. Von der Re-

# > EINKAUFEN

plik eines Kunstwerks reicht dort das Sortiment bis hin zu hervorragendem Kunsthandwerk, etwa den Tapisserien im Shop des Hôtel-Dieu in Beaune.

## ■ SÜSSES ■

Das Transportproblem drängt leider auch die grandiosen Kreationen burgundischer Chocolaterien aus dem Souvenirkorb. Dennoch findet das wachsame Auge im Bereich der Süßwaren so manchen Mitnahmeartikel, etwa die *cassissines*, Johannisbeerlikör im Teigmantel. Ein rundum pflegeleichter Reisebegleiter ist *pain d'épices*. Der seit dem frühen 18. Jh. urkundlich bezeugte Weizenmehl-Lebkuchen aus Dijon stand lange Zeit hinter einem viel beliebteren Konkurrenten zurück, der in Reims aus Roggenmehl hergestellt wurde. Inzwischen ist dieser Widersacher so gut wie vergessen, beherrscht Dijons Bäckerei *Mulot et Petitjean* das Geschäft. Statt der ehemals kräftigeren Gewürze wie Pfeffer, Nelken oder Ingwer enthält der burgundische Lebkuchen heute Orangenblüten, Anis und Zimt und wird in allerlei appetitanregende Formen gegossen.

## ■ WEIN & CO ■

Für alle Lateinkundigen besitzt die Silbe „de" eine abwertende Note: fort, weg, runter damit! Die Dégustation aber lädt ein zur Weinprobe, und die bedeutet in Burgund selten Unbehagen. Freilich können Sie über einer „Probierstunde" schnell mal einen ganzen Tag verlieren, wenn der Winzer erst ins Plaudern kommt. Ein allzu redseliger Verhandlungspartner sollte allerdings auch Misstrauen wecken, denn manches Weingut versteht sich leider auch darauf, an Weinunkundige Durchschnittsware zum Wucherpreis zu verkaufen. Mit Schnäppchen dürfen Sie ohnehin nicht rechnen, wohl aber damit, ein Erzeugnis zu finden, das Ihr Händler daheim nicht beschaffen kann. Neben Wein darf getrost auch Höherprozentiges auf dem Einkaufszettel stehen, darunter der für Burgund typische *cassis,* ein hervorragender Likör aus schwarzen Johannisbeeren.

## > WEINE AN GOLDENEN HÄNGEN

Rings um die lebhaften Städte Beaune und Dijon breiten
Weinstöcke ihr friedliches Grün aus

> Ein schmaler Landstrich, kaum mehr als 60 km lang, prägt unser Bild von Burgund: die Côte d'Or. Das Grün der Rebstöcke scheint bis ans Ende der Welt zu reichen. Hier sind sie beheimatet, die großen Namen von Gevrey-Chambertin über Nuits-St-Georges, Pommard und Volnay bis Vosne-Romanée.

Während Beaune vom Handel mit den Weinen lebt, hat das nahe Dijon, die Hauptstadt Burgunds, längst die Herausforderungen der Moderne an-genommen. Im Herzen ist Dijon je-doch mit Fachwerk und engen Gassen seinen Traditionen treu geblieben.

Das Spannungsfeld zwischen Tra-dition und Moderne findet sich auch im Umland, wo gut ausgebaute Na-tionalstraßen Sie rasch über weite Entfernungen tragen, während Sie über ländliche Nebenrouten an Wein-hängen vorbei in verträumte Dörfer, zu abgelegenen Abteien und Schlös-sern fahren können.

Bild: Château de La Rochepot

# CÔTE D'OR

## BEAUNE

 **KARTE IN DER HINTEREN UMSCHLAGKLAPPE**

[116 B] **Ein Grabenkampf beschäftigt die Nachbarstädte Beaune und Dijon, der Unbeteiligte schmunzeln lässt.** Beaune ist mit 22 000 Einwohnern wesentlich kleiner als Dijon, jedoch der ältere Regierungssitz. Erst im 14. Jh. zogen die Herzöge nach Dijon um. Mit dem Weinhandel hat sich Beaune ein Stück Macht zurückerobert und mit dem Hôtel-Dieu ein Highlight bewahrt. Kehrseite der Touristenströme sind überteuerte Hotels und schlechte Restaurants. Achten Sie vor allem an der Place Carnot darauf, nicht in eine dieser Touristenfallen zu geraten. Dagegen warten in den Gassen ringsum versteckte Schätze: lauschige Innenhöfe, verlockende Weinkeller und an der Place Monge alte Palais.

# BEAUNE

## ◼ SEHENSWERTES ◼

### COLLÉGIALE BASILIQUE NOTRE-DAME

Die Kollegiatskirche (12. Jh.) wurde mehrfach umgestaltet. Es lohnt aber ein Blick in den Chor mit einer Sammlung von Tapisserien aus dem 15. Jh. *Place du Général Leclerc*

### HÔTEL DES DUCS DE BOURGOGNE

Nur wenige Schritte von der Kirche entfernt stolpern Sie in einen der In-

Euro | *rue d'Enfer* | *www.musees-bourgogne.org*

### HÔTEL-DIEU ⭐

Bunte Dachziegel im Sonnenlicht zählen zu den begehrtesten Fotomotiven Burgunds und sind im Innenhof des berühmten Hôtel-Dieu in schönster Ausführung zu sehen. Ebenso eindrucksvoll ist der Blick in den 52 m langen Krankensaal, in dem 28 Bet-

Im großen Krankensaal des Hôtel-Dieu wird die Geschichte des Spitals anschaulich gemacht

nenhöfe, die Beaune so liebenswert machen. In diesem Fall handelt es sich um eine besonders imposante Szenerie: das Palais der Herzöge von Burgund. Das Ensemble aus Fachwerk (14.–16. Jh.) beherbergt ein Museum zur Geschichte des Weinbaus. *April–Nov. tgl. 9.30–18, Dez. bis März Mi–Mo 9.30–17 Uhr* | *5,40*

ten für die Armen so stehen, als sei es Zeit für die Visite. Das 1443 von Kanzler Nicolas Rolin gegründete und bis 1971 tätige Spital kurierte mit weltlicher und geistlicher Medizin. Die Kranken, die je zu zweit im Bett lagen, blickten in Richtung eines Flügelaltars, der das „Jüngste Gericht" zeigte: Die Reinen wurden mit

> *www.marcopolo.de/burgund*

dem Himmelreich belohnt, die Sünder kamen in die Hölle. Das 1443–51 geschaffene Werk wird Rogier van der Weyden zugeschrieben und hängt heute in der *Salle du Polyptyque*. Auch Küche und Apotheke sind beim Rundgang zu sehen. *Mitte März bis Mitte Nov. tgl. 9–18.30, Mitte Nov. bis Mitte März 9–11.30 und 14–17.30 Uhr | 6 Euro | 2, rue de l'Hôtel-Dieu | www.hospices-de-beaune.com*

### MOUTARDERIE FALLOT
Nichts geht über eigenen Senf. Den dürfen Sie in der letzten Senffabrik herstellen, die noch als echter Familienbetrieb arbeitet. Anmeldung beim Office de Tourisme. *Mo–Sa 10–11.30 Uhr | 31, rue faubourg Bretonnière*

### MUSÉE DES BEAUX ARTS
Ehemals samt Rathaus in einem Ursulinenkloster untergebracht, ist das Museum inzwischen in ein Stadttor umgezogen, die *Porte Marie de Bourgogne*. Zu sehen sind u. a. die impressionistischen Bilder des in Beaune geborenen Malers Félix Ziem. *Tgl. 14–18 Uhr, Dez.–März Di geschl. | 5,40 Euro | 6, bd. Perpreuil | www.musees-bourgogne.org*

### STADTMAUER
Entlang der fast intakten Mauer aus dem 15./16. Jh. führt Sie ein Spaziergang, teils unter Platanen, einmal im Kreis um das Herz von Beaune.

## ■ ESSEN & TRINKEN ■

### AUBERGE BOURGUIGNONNE

Gute Hausmannskost zu unschlagbaren Preisen. Das Einsteigermenü mit pochierten Eiern Burgunder Art und Forelle an Sauerampfer gibt's schon für 20 Euro. *Mo geschl. | 4, place Madeleine | Tel. 03 80 22 23 53 | €*

### JARDIN DES REMPARTS
Koch und Eigentümer Roland Chanliaud hat das Haus aus den 1930er-Jahren in einen Restaurantkometen verwandelt. Das Orangensoufflé mit

# MARCO POLO HIGHLIGHTS

★ **Hôtel-Dieu**
Ein Krankensaal für die Armen als Kunstgenuss in Beaune (Seite 32)

★ **Château du Clos de Vougeot**
Weinschloss in einem grünen Meer aus Reben (Seite 36)

★ **Château de La Rochepot**
Trutzige Mittelalter-Romantik (Seite 36)

★ **Herzoggräber**
Geniale Bildhauerarbeit für die Ewigkeit im Musée des Beaux Arts in Dijon (Seite 39)

★ **Abbaye de Fontenay**
Frankreichs besterhaltene Zisterzienserabtei (Seite 43)

★ **Château de Bussy-Rabutin**
Exilschloss mit einer Galerie der schönsten Frauen (Seite 44)

★ **Châteauneuf-en-Auxois**
Festungsdorf auf hohem Fels (Seite 44)

★ **Saulieu**
Gourmethochburg und Bilderbuchaltstadt (Seite 46)

Jasminsorbet ist eine göttliche Kreation. So/Mo geschl. | 10, rue de l'Hôtel-Dieu | Tel. 03 80 24 79 41 | *www.le-jardin-des-remparts.com* | €€€

## ◼ EINKAUFEN ◼

**Insider Tipp**

Sorgfältig nach alten Vorbildern ausgeführt sind die Tapisserien, die der Shop des Hôtel-Dieu anbietet. Ansonsten liegt in der Weinstadt Beaune der Griff zur Flasche nahe. Weinhändler mit gut 200 Jahren Erfahrung ist *Patriarche Père et Fils (5–7, rue du College | www.patriarche.com).* Adäquate Utensilien vom Weinglas bis zum Korkenzieher gibt's im *Athenaeum de la Vigne et du Vin (5, rue de l'Hôtel-Dieu).*

## ◼ ÜBERNACHTEN ◼

### ABBAYE DE MAIZIÈRES

Die ehemalige Zisterzienserabtei im Stadtzentrum wirkt äußerlich kaum einladend, ist aber sehr geschmackvoll eingerichtet und besitzt neben wohnlichen Zimmern einen Restaurantkeller, der noch aus der Römerzeit stammt. 13 Zi. | 19, rue Maizières | Tel. 03 80 24 74 64 | Fax 03 80 22 29 03 | *www.beaune-abbaye-maizieres.com* | €€

### GRILLON

**Insider Tipp**

Mit Garten, Pool und Restaurant schlägt das stilvolle Haus aus dem späten 19. Jh. viele Mitbewerber seiner Preisklasse. 17 Zi. | 21, route de Seurre | Tel. 03 80 22 44 25 | Fax 03 80 24 94 89 | *www.hotel-grillon.fr* | €€

### DES REMPARTS 🔊

Das komfortable Haus aus dem 17. Jh. befindet sich abseits des Trubels am Rand der Altstadt mit eigenem Garten. Die Zimmer haben teils Parkett, die Suiten sogar einen offenen Kamin. 15 Zi. | 48, rue Thiers | Tel. 03 80 24 94 94 | Fax 03 80 24 97 08 | *www.hotel-remparts-beaune.com* | €€€

## ◼ FREIZEIT & SPORT ◼

Die Kutsche bringt Sie zu den Weingütern: *Dilivoyage (10, av. de la République | Tel. 03 80 24 24 82).*

**Insider Tipp**

# > BLOGS & PODCASTS
### *Gute Tagebücher und Files im Internet*

> *www.stadtwanderer.net/blog* – Ein Schweizer Politologe und Geschichtswissenschaftler begann 2003 mit Stadtwanderungen am Mittag. Ein Blog mit vielen historischen und aktuellen Erkenntnissen zu Burgund.

> *www.domradio.com/audio/podcast/taize/taize.xml* – Die religiöse Gemeinschaft von Taizé überträgt ihre Gebete und Gesänge der samstäglichen Lichterfeier auch im Netz.

> *http://vinissimus.blogspot.com* – Der Wein-Blog mit Suchfunktion hilft bei der Wahl des passenden Weins. Die Kommentare erhellen das Für und Wider einzelner Lagen – allerdings nicht nur in Burgund.

CÔTE D'OR

Cîteaux: Das zerstörte Ursprungskloster der Zisterzienser wurde von Trappisten neu besiedelt

### ▪ AM ABEND ▪

Jean-Jacques Hegner weiß immer Rat, wenn Sie einen Wein aus der Region suchen. Schließlich ist sein ▶▶ *Bistrot Bourguignon (So/Mo geschl. | 8, rue Monge)* eine beliebte Bar mit Jazzkeller, in der es auch mal 3 Uhr nachts werden darf.

### ▪ AUSKUNFT ▪

**OFFICE DE TOURISME**
*1, rue de l'Hôtel-Dieu und 6, bd. Perpreuil | Tel. 03 80 26 21 30 | Fax 03 80 26 21 39 | www.ot-beaune.fr*

### ▪ ZIELE IN DER UMGEBUNG ▪

**ABBAYE DE CÎTEAUX**          [116 C2]
1098 gründete eine Splittergruppe der Benediktiner ein neues Kloster – später nach dem dort verbreiteten Schilfrohr *(cistels)* Cîteaux genannt und damit namensgebend für den Zisterzienserorden. Cîteaux (28 km nordöstl. von Beaune) war Begräbnisstätte der frühen Herzoge von Burgund und wurde während der Revolution größtenteils zerstört. Seit 1898 nutzen Trappisten, ein strenger Schweigeorden, die verbliebenen Gebäude und gewähren Besuchern seit 1998 Einlass. Der klostereigene Käse wird das ganze Jahr über verkauft, Führungen sind jedoch auf wenige Stunden beschränkt: *Juli und Aug. Di–Sa 10.30, 11.30, 14, 15, 16 und 17, So 12.15, 13, 14, 15, 15.30, 16, 16.30 und 17 Uhr; Mai/Juni, Sept. Mi–Sa 10.30, 11.30, 14.30, 15.15, 16 und 16.45, So 12.15, 13, 14, 15, 16 und 17 Uhr | 7 Euro | www.citeaux-abbaye.com*

**ALOXE-CORTON**          [116 B–C2]
Karl der Große soll in Aloxe-Corton, 4 km nördlich von Beaune, einen Weinberg besessen haben. Der trägt noch heute seinen Namen: *Charlemagne.* Das Winzerdorf (200 Ew.) genießt den besten Ruf für seine *Grands Crus* und ist mit dem *Château de Corton-André* inmitten grüner Felder auch eine Augenweide. Der Weinkeller des bunt gedeckten Schlosses ist ganzjährig geöffnet.

**CHÂTEAU DU CLOS DE VOUGEOT** ★ [116 C1]

Das Fest der *Trois Glorieuses* versammelt Prominenz aus ganz Europa im Clos de Vougeot, dem Sitz der *Confrérie des Chevaliers du Tastevin*. Ursprünglich für die Äbte von Cîteaux gebaut, hat das berühmte Weinschloss, 20 km nördlich von Beaune, eine feierliche Aura bewahrt. Achten Sie bei der Führung auf die beeindruckend großen mittelalterlichen Weinpressen. *April–Sept. tgl. 9–18.30, Okt.–März tgl. 9–11.30 und 14–17.30, Sa bis 17 Uhr | 3,70 Euro | www.tastevin-bourgogne.com*

**CHÂTEAU DE LA ROCHEPOT** ★ [116 B2]

Grandios ist der Blick aus der Ferne auf das mächtige Schloss über dem geduckten Dorf (250 Ew., 15 km südwestl. von Beaune), eindrucksvoll auch der Besuch des Adelssitzes aus dem 15. Jh., obwohl er größtenteils rekonstruiert ist. Während der Revolution zerstört, wurde das Schloss im 19. Jh. mit romantisierenden Zutaten wieder aufgebaut. *Juli/Aug. Mi–Mo 10–18, Anfang–Mitte Sept. 10 bis 17.30, April–Juni und Mitte Sept. bis Ende Okt. 10–11.45 und 14–17.30 bzw. 16.30 Uhr | 6,50 Euro | www.larochepot.com*

**GEVREY-CHAMBERTIN** [116 C1]

Doppelnamen französischer Orte verweisen zumeist auf den Zusammenschluss zweier Gemeinden. Hier aber schmückt sich Gevrey (3000 Ew., 27 km nordöstl. von Beaune) mit dem Weinlabel seines berühmten Chambertin. Neun *Grands* und 26 *Premiers Crus* sind rings um den Ort beheimatet. Durch das Château aus dem 10. Jh., das bereits die Äbte von Cluny in ein Weinlager verwandelten, führt Sie Schlossbesitzerin Elisabeth Mitéran, die auch gleich die Philosophie ihrer Weine erläutert. *Jan.–Mitte Nov. Mo–Sa 10–12 und 14–18, So 14–18 Uhr*

**MEURSAULT** [116 B2]

Das Dorf (1600 Ew., 7 km südl. von Beaune) ist eine Weißweininsel am Rand roter Spitzengewächse, denn der Boden eignet sich besonders für die Chardonnay-Traube. Gekeltert werden daraus allein 17 *Premiers*

Historische Zeremonie der Weinbruderschaft im Château du Clos de Vougeot

*Crus,* von denen der *Perrières* der *Domaine Jean Boillot* dem Weinfass den Boden ausschlägt. Bacchantische Stimmung herrscht beim Fest *La Paulée* am Ende der *Trois Glorieuses,* bei dem ein Literaturpreis (100 Flaschen Meursault) vergeben wird.

## NOLAY [116 B2]

Die schlichte Durchgangsstraße weckt kaum Hoffnung auf eine Entdeckung. Nehmen Sie sich in Nolay (1550 Ew., 20 km südwestl. von Beaune) dennoch Zeit für einen Kaffee bei den hölzernen Markthallen (14. Jh.). Umringt von Antiquitätenhändlern findet dort montags der Wochenmarkt statt. Übernachtungstipp: *Hotel du Parc,* eine ehemalige Poststation mit Restaurant und Garten *(14 Zi. | place de l'Hôtel de Ville | Tel. 03 80 21 78 88 | Fax 03 80 21 86 39 | €€)*

5 km nördlich von Nolay wartet mit dem ✷ *Cirque du Bout du Monde* ein Naturwunder. Das Tal der Tournée endet dort an einer hohen Felswand, über die ein Wasserfall stürzt.

## NUITS-ST-GEORGES [116 C2]

„Ein Wein, den der Magen leicht verdaut, ohne ihn gleich wieder loswerden zu wollen", so benotete der Leibarzt Ludwigs XIV. das Gebräu. Längst ist mehr Finesse im Spiel, doch der Rat vom Hofe hat dem Nuits-St-Georges zu Ruhm verholfen. Der wenig charmante Ort selbst (5600 Ew., 17 km nordöstl. von Beaune) wird dem Weltruf seines Weins nicht gerecht. Das *Musée Municipal* hütet gallo-römische Funde von einer nahen Ausgrabungs-

stätte *(Mai–Okt. Mi–Mo 10–12 und 14–18 Uhr | 2,15 Euro).* Im *Cassissium* wird derweil das Geheimnis edler Johannisbeerliköre gelüftet *(April–Mitte Nov. tgl. 10–13 und 14 bis 19, Mitte Nov.–März Di–Sa 10.30 bis 13 und 14–17.30 Uhr | 7 Euro | rue des Frères Montgolfier | www.cassissium.com).* Ansonsten sind Sie prächtig beraten, wenn Sie Ihre Übernachtung am Stadtrand einlegen. 2 km außerhalb wurde ein Jagdschloss (16. Jh.) inmitten idyllischer Natur zum *Hotel La Gentilhommière* mit hervorragendem Restaurant umgebaut *(20 Zi., 11 Suiten | 13, vallée de la Serrée | Tel. 03 80 61 12 06 | Fax 03 80 61 30 33 | www.lagentilhommiere.fr | €€–€€€).*

## POMMARD [116 B2]

Das Dorf (600 Ew.) versorgt die Weinhändler im 3 km nordöstlich gelegenen Beaune mit Rotweinen von erlesener Güte. Darüber wacht eine eigene Bruderschaft, die *Confrérie du Souverain Bailliage.* Was sie zu bieten hat, können Sie u. a. im *Château de Pommard* verkosten *(tgl. 9.30–12, 13.30–18 Uhr).*

## SANTENAY [116 B3]

Thermalbad war Santenay (900 Ew., 17 km südwestl. von Beaune) bereits in der Antike, später gesellte sich der Weinbau hinzu. Der Rote aus dem Pinot noir zählt zwar nicht zur Weltklasse, wird aber wegen seiner rustikalen Note geschätzt. Nobelste Probierstube ist das *Château Philippe-le-Hardi* mit mittelalterlichem Keller *(tgl. 9–12, 14–17 Uhr).* Im Restaurant *Le Terroir* passt Fabrice Germain seine Gerichte dem Angebot der Jahreszeit an, doch gibt es Dauerbrenner wie das köstliche Hummer-Gazpacho *(So abends und Do, in der Nebensaison Mi abends geschl. | 19, place du Jet d'Eau | Tel. 03 80 20 63 47 | €€).*

### ST-ROMAIN  [116 B2]

Die Kalkwände 10 km südwestlich von Beaune bescheren dem malerischen Weindorf (250 Ew.) eine sonnige Hanglage und schöne Aussichtspunkte. Vom Schloss der Herzöge blieb eine Ruine, von der römischen Vergangenheit eine archäologische Sammlung in der *Mairie.*

# DIJON

### KARTE IN DER HINTEREN UMSCHLAGKLAPPE

[112 C6] **Der Regierungssitz Burgunds weist keine majestätische Schauseite auf. Vielmehr werden Sie Dijon bei der Durchreise zunächst als aufstrebende Großstadt (150 000 Ew.) erleben, die auf Verkehrsfluss, Innovation und zukunftsweisende Architektur setzt.** Hypermodern kommt der Opern-, Tanz- und Theatersaal *L'Auditorium* am Boulevard Verdun daher. Für pulsierendes Leben sorgen allein 30 000 Studenten. Der neuzeitliche Ring aber umschließt eine Altstadt, die sich ebenso entschieden der Tradition verschrieben hat und angesichts ihrer vielen malerischen Winkel begeistert.

1364–1477 war die einstige Römersiedlung Residenz der burgundischen Herzöge, dann Sitz eines Ständeparlaments. Der Adel hinterließ über 100 Palais, die ältesten sind noch aus Fachwerk errichtet. Bei einem Einkaufsbummel können Sie

hier die nach alter Methode zubereiteten Köstlichkeiten – Senf, Cassis und Gewürzbrot – probieren und sich anschließend im *Botanischen Garten (av. Albert Premier)* am Rand der Altstadt erholen.

### ■ SEHENSWERTES

### CATHÉDRALE ST-BÉNIGNE/ MUSÉE ARCHÉOLOGIQUE

Spannend wird es bei der gotischen Kathedrale (13. Jh.) an der Place St-Bénigne erst im Untergeschoss. Zwei Kapellen aus dem 6. Jh. wurden um 900 durch ein kreisrundes Oratorium miteinander verbunden. In dieser heutigen Krypta finden sich einige der frühesten skulptierten Kapitelle Burgunds. Von der großen romanischen Basilika, die über der Krypta errichtet und später für den Bau der gotischen Kirche abgerissen wurde, haben sich nur Freskenreste erhalten. Sie sind neben prähistorischen Funden im archäologischen Museum zu sehen, das im ehemaligen Benediktinerkloster St-Bénigne eingerichtet wurde. *Mi–Mo (im Winter Mi–So) 9–12.30 und 13.30–18 Uhr | Eintritt frei, außer bei Sonderausstellungen | 5, rue du Docteur Maret*

### ÉGLISE NOTRE-DAME

Mit dem Kopf im Nacken haben Sie hier den schönsten Blick: In drei Reihen sind die rein dekorativen Wasserspeier der gotischen Kirche gestaffelt. Im Türmchen rechts hängt *Jacquemart,* eine Glocke, die Philipp der Kühne 1382 als Kriegstrophäe aus Flandern mitbrachte. Weil die Bürger ihrem Jacques eine Familie wünschten, ergänzten sie 1610 eine „Glöckin", 1714 und 1881 dann gar noch Sohn *Jacquelinet* und Tochter *Jacquelinette*. Die schwarze Madonna in der Kapelle rechts vom Chor aus der Zeit um 1100 zählt zu den ältesten Holzmadonnen Frankreichs. *Rue de la Préfecture*

## MUSÉE DES BEAUX ARTS

Es ist ein Provinzmuseum, aber eines der bedeutendsten in Frankreich,

der *Salle des Gardes*. Schon zu Lebzeiten hatte Philippe sein Grabmal in Auftrag gegeben. 1385 begann Jean de Marville mit der Arbeit, Claus Sluter und Claus de Werve vollendeten das Werk bis 1410. Rings um die Liegefigur des Herrschers zieht ein unfassbar realistisch und ergreifend dargestellter Trauerzug aus 40 Gefolgsleuten und Mönchen. Dieses

Löwen, Engel und ein Zug trauernder Mönche zieren die Herzoggräber im Musée des Beaux Arts

schon wegen des Umfangs seiner Sammlung, die weite Teile des Herzogpalasts einnimmt. Die schiere Fülle der Exponate, darunter Gemälde seit dem 14. Jh. und Werke des burgundischen Bildhauers François Pompon, ist überwältigend. Achten Sie also darauf, die Glanzstücke des Museums nicht zu versäumen, die ★ *Herzoggräber* der Herzöge Philippe le Hardi und Jean sans Peur in

Thema der *Pleurants* (Weinenden) wiederholt sich beim Grabmal von Jean sans Peur, das Jean de la Huerta und Antoine Le Moiture zwischen 1443 und 1470 ausführten. Die Gräber befanden sich ursprünglich in der Kartause von Champmol, aus der auch die beiden großartigen Schnitzaltäre des 14. Jhs. stammen. *Mai bis Okt. Mi–Mo 9.30–18, im Winter 10–17 Uhr | Eintritt frei | Palais des*

# DIJON

*Ducs | place de la Ste-Chapelle |*
*www.musees-bourgogne.org*

### MUSÉE DE LA VIE BOURGUIGNONNE

Ein ehemaliges Kloster beherbergt
die Sammlung zur burgundischen
Kulturgeschichte. Die weiträumige
Anlage machte es möglich, im Haus
**Insider Tipp** zehn alte Geschäfte originalgetreu zu
rekonstruieren, sodass Sie dort ein
fast vergessenes Dijon nacherleben
können. *Mai–Sept. Mi–Mo 9–12.30
und 13.30–18, Okt.–April Mi–Mo
9–12, 14–18 Uhr | Eintritt frei | 17,
rue Ste-Anne*

### PALAIS DES DUCS DE BOURGOGNE/
### PLACE DE LA LIBÉRATION

Effektvoll werden in der Nacht die
beiden Türme, die vom alten Her-
zogspalast aus dem 14. und 15. Jh.
verblieben, beleuchtet. Einer der
Türme, die 46 m hohe ✹ *Tour
Philippe le Bon,* bietet Ihnen die
schönste Aussicht über die Stadt
*(Ostern–Mitte Nov. tgl. 9–12 und
13.45–17.30 Uhr alle 45 Min., Mitte
Nov.–Ostern Mi 13.30–15.30, Sa/So
9–11 und 13.30 bis 15.30 Uhr stdl.).*

Nachdem der König Herrscher
über Burgund wurde, ließ er den Palast im 17./18. Jh. von seinem Archi-
tekten Jules Hardouin-Mansart um-
gestalten. Heute beherbergt der west-
liche Flügel das Rathaus, der
Ostflügel das *Musée des Beaux Arts*
(s. dort). Hardouin-Mansart schuf
auch die vorgelagerte *Place de la Libération* (1686–1701), unter deren
Arkaden die Prominenz aus dem Rathaus im Gourmettempel *Le Pré aux
Clercs* speist. *Place de la Libération*

### PLACE FRANÇOIS-RUDE

Dijon ehrt seinen Sohn, den Bildhauer François Rude (1784–1855),
mit einem Marktplatz, der so belebt
ist wie kein anderer in der Stadt. Vor
den Bürgerhäusern rings um den
Brunnen können Sie den Sonnenschein auf einer der Caféterrassen
genießen und das Flair Dijons auf
sich wirken lassen.

### ◼ ESSEN & TRINKEN ◼
### LA DAME D'AQUITAINE

Burgundische Küche trifft auf die
gleichfalls renommierte atlantische

# ❯ CHAMBRE D'HÔTE
## Die französische Variante des Bed & Breakfast

Eine Alternative zum Hotelurlaub sind
Privatunterkünfte *(chambre d'hôte)* –
ob bei einem Bauern oder Winzer, bei
einem Büroangestellten in der Stadt
oder einem Schlossherrn auf dem Land.
Schnell kommen Sie so mit Einheimischen in Kontakt und erfahren manches
über Land und Leute. Unter *table d'hôte*
versteht man Häuser, in denen Sie mit
den Gastgebern gleich auch an einem

preiswerten Abendessen teilnehmen
können. Bei Interesse folgen Sie einfach
den Hinweisschildern an der Straße
oder nehmen eine Buchung über das
nächste Fremdenverkehrsamt vor. Infos
und Katalog auch über die Dachorgani-
sation *Gites de France (59, rue St-Lazare
| 75439 Paris | Tel. 01 49 70 75 75 | Fax
01 42 81 28 53 | www.gites-de-
france.fr).*

# CÔTE D'OR

unter mittelalterlichem Gewölbe und zu gregorianischen Gesängen. *Mo mittags und So geschl.* | *23, place Bossuet* | *Tel. 03 80 30 45 65* | €€

### MAISON MILLIÈRE

Mittagstisch im historischen Gemäuer: Das Haus von 1483 mit Garten war Drehort des Films „Cyrano de Bergerac". Einfache aber sehr preiswerte Speisen. *Di–So abends, Fr/Sa mittags und Mo geschl.* | *10, rue la Chouette* | *Tel. 03 80 30 99 99* | €

### DE LA PORTE GUILLAUME

Das Restaurant im *Hotel du Nord,* Familienbetrieb in vierter Generation, serviert klassische burgundische Küche in tadelloser Qualität. Ein reichhaltiges Käsesortiment erhalten Sie gegen geringen Aufpreis. *So abends und Sa geschl.* | *place Darcy* | *Tel. 03 80 50 80 50* | €

### STÉPHANE DERBORD ▶▶

Die Aufsteigeradresse am Gourmethimmel. Vom Zander-Sushi als Vorspeise reichen die Kreationen bis zu allerlei süßen Varianten um die Birne. *Mo mittags, Di mittags und So geschl.* | *10, place Wilson* | *Tel. 03 80 67 74 64* | *www.restaurant stephanederbord.fr* | €€€

## EINKAUFEN

Dijon lockt vor allem mit Delikatessen. Von den Filialen des Feinkostgeschäfts *Mulot et Petitjean* sollten Sie wegen seiner Atmosphäre das Fachwerkhaus an der *Place Bossuet Nr. 13* vorziehen. Senf vom Zapfhahn gibt es im Traditionshaus *Maille (32, rue de la Liberté).*

## ÜBERNACHTEN

### SOFITEL LA CLOCHE 🔊

Das denkmalgeschützte Haus von 1884 mit Garten und Gourmetrestau-

Die Place François-Rude ist ein beliebter Treffpunkt für Jung und Alt

rant zählt zu den führenden Adressen der Stadt. Die geschmackvoll eingerichteten Zimmer sind sehr geräumig, die Suiten mit offenem Balkenwerk erstrecken sich sogar über zwei Etagen. *72 Zi.* | *14, place Darcy* | *Tel.*

03 80 30 12 32 | Fax 03 80 30 04 15 | *www.hotel-lacloche.com* | €€€

## HOSTELLERIE DU SAUVAGE

Die zentral gelegene Poststation aus dem 15. Jh. besitzt ein gutes Restaurant und einen lauschigen Innenhof,

Hauses aus dem 18. Jh. bestechen, Sie sollten sich aber nicht für eines der sehr spartanischen *chambres économiques* entscheiden. *31 Zi.* | *32, rue Verrerie* | *Tel.* *03 80 60 09 60* | *Fax* *03 80 60 09 69* | *www.hotel-le jacquemart.fr* | €

Unesco-geschützt: Die Abbaye de Fontenay ist die besterhaltene Zisterzienserabtei Frankreichs

der auch Parkgelegenheiten bietet. Leisten Sie sich die etwas teureren, aber geräumigeren Zimmer, die im Stil des 15. Jhs. eingerichtet sind. Es lohnt sich! *21 Zi.* | *64, rue Monge* | *Tel.* *03 80 41 31 21* | *Fax* *03 80 42 06 07* | *www.hotellesauvage.com* | €

## LE JACQUEMART

*La France* im Geschmack der Nachkriegszeit: Blümchentapeten, Bonbonfarben und Bettwurst. Der niedrige Preis und die zentrale Lage des

## ■ FREIZEIT & SPORT ■

Absolut trendy: Stadtbesichtigung per *Segway*, ein rollendes Ein-Personen-Gefährt, das Sie bei der Touristeninfo für 15 Euro buchen können. In *Chenôve* am südwestlichen Stadtrand reizt das *Centre de Laser Mégazone* jeden computerverwöhnten Spielgeist: Mit der Laserpistole geht es durch ein Labyrinth auf die Jagd nach dem Bösewicht *(8, rue Jacques Daguerre* | *Tel.* *03 80 52 38 04).* Ein fast schon etabliertes Vergnügen bietet dagegen der *Dijon Skate Park,* Hallensport von Skate bis BMX mit Livemusik *(2, rue Delaborde).* Völlig handzahm wird es am kleinen *Lac Kir* im westlichen Stadtteil Fontaine-d'Ouche mit Badestrand, Bootsverleih, Tennis und Volleyball.

## ■ AM ABEND

Zum Auftakt lockt die ▶▶ *Rue Berbisey* mit Cafés und Nachtclubs. Um die Ecke wärmt *Le Sé Bar (32, rue Monge | www.sebar.fr)* bis 2 Uhr nachts mit Livemusik auf. Der letzte Cent wird dann im *Cap Vert* bei einer frivol-extravaganten Revue verjubelt *(1, rue du Cap Vert | 6 km östl. in Quétigny | Tel. 03 80 48 55 00 | www. capvert.fr).* Wer es seriöser mag, besucht das *Théâtre du Bourgogne* in der ehemaligen Kirche St-Jean, das sich vom innovativen Bühnenstück über Rockmusik bis zum Kabarett ganz der Avantgarde verschrieben hat *(Parvis St-Jean/rue Danton | Tel. 03 80 30 12 12 | www.tdb-cdn.com).*

## ■ AUSKUNFT

**OFFICE DE TOURISME**
*Place Darcy und 11, rue des Forges | Tel. 08 92 70 05 58 | Fax 03 80 42 18 83 | www.dijon-tourism.com*

## ■ ZIELE IN DER UMGEBUNG

**ABBAYE DE FONTENAY** ★ [112 A4]
Die Fische im Teich und der Schmiedehammer verweisen auf das Ziel der Selbstversorgung. Die Zisterzienser suchten das karge Leben; ihre Abtei Fontenay, 85 km nordwestlich von Dijon, bringt dies durch klare, schmucklose Architektur zum Ausdruck. Das 1118 von Bernard de Clairvaux gegründete Kloster gehört

zu den großartigsten Sehenswürdigkeiten Burgunds. Es überstand die Französische Revolution, da es nach der Säkularisierung als Papierfabrik genutzt wurde. Seit 1906 wird das Denkmal, inzwischen Welterbe, restauriert. Kernstücke sind der Kreuzgang und die 1149 geweihte Basilika. *Tgl. 10–12 und 14–17 Uhr | 8,90 Euro | www.abbayedefontenay.com*

**ALISE-STE-REINE** [112 A–B5]
Extrem steile Straßen prägen den Ort (700 Ew.), der sich 62 km nordwestlich von Dijon über den Hang des *Mont Auxois* (407 m) erstreckt. Der Berg war 52 v. Chr. letzter Fluchtpunkt der Gallier vor den römischen Eroberern. Cäsar besiegte den heimischen Fürsten Vercingetorix, dem 1865 auf hohem ☀ Ausguck eine

## ▶LOW BUDGET

▶ Parkplätze außerhalb Beaunes Stadtmauer kosten keinen Cent, zu Fuß sind es nur wenige Minuten in die Altstadt.

▶ Zwischen 10 und 20 Euro kostet der *Dijon Pass* für ein bis drei Tage, dafür gibt es Ermäßigungen, etwa auf Fahrräder. Zudem kostenlose Nutzung des Stadtbusses *Divia.*

▶ Günstig von Stadt zu Stadt gelangen Sie dank der Mitfahrzentrale in Dijon: *Clef de Contact (Mo–Fr 10–18, Sa 10–13 Uhr | Tel. 03 80 66 31 31 | 10, rue Vaillant)*

▶ Spottbillig übernachten können Sie in der Jugendherberge von Dijon *(1, bd. Champollion | Tel. 03 80 72 95 20 | Fax 03 80 70 00 61 | www. auberge-cri-dijon.com)*

Monumentalstatue gewidmet wurde. Für die *Fundamente Alesias* dürften sich nur Enthusiasten begeistern, während das *Musée d'Alésia* die Geschichte ansprechend und audiovisuell dokumentiert. *Juli/Aug. tgl. 9–19, April–Juni und Sept. 9–18, Mitte–Ende März und Okt.–Allerheiligen 10–17 Uhr | 3 Euro | www. alesia.com*

### CHÂTEAU DE BUSSY-RABUTIN ⭐  [112 B5]

Graf Roger de Rabutin (1618–93) dichtete über Liebschaften am Pari-

Trutzig umschließen die Mauern von Châteauneuf-en-Auxois ein malerisches Dorf

ser Hof und wurde deshalb vom König verbannt. Für den Lebensabend blieb ihm 73 km nordwestlich von Dijon sein prächtiges Schloss, dessen Garten wahrscheinlich André Le Nôtre anlegte. Zur Innenausstattung zählt – denn der Graf konnte es nicht lassen – eine Galerie mit den schönsten Pariser Mätressen. *Di–So 9.15–12, 14–18, im Winter bis 17 Uhr | 6,50 Euro | bussy-rabutin.monuments-nationaux.fr*

### CHÂTEAU DE COMMARIN  [112 B6]

Das prächtige Wasserschloss wird in 26. Generation von der Familie Vogüé bewohnt und ist das Highlight des kleinen Dorfs (150 Ew.), das 37 km westlich von Dijon liegt. Im Winter ist nur der Park geöffnet *(tgl. 8–18 Uhr | 2 Euro)*, im Sommer auch das Schloss mit einer seltenen Sammlung von Wandteppichen. *Führungen April–Nov. tgl. 10–12 und 14–18 Uhr | 6,50 Euro*

### CHÂTEAUNEUF-EN-AUXOIS ⭐ ❄  [116 B6]

Der Blick auf das Schloss (15. Jh.) hoch über der Ebene ist schwer zu überbieten. So leben die ca. 60 Einwohner des Dorfs (43 km westl. von Dijon) heute vom Tourismus. Das Château lässt sich auf Wanderwegen mit schönen Ausblicken umrunden, aber auch besichtigen *(Mitte Mai bis Mitte Sept. Di–So 10–12 und 14–19, sonst 10–12 und 14–18 Uhr | 5 Euro).*

Ein freundlicher Gasthof mit Restaurant ist *Du Château (17 Zi. | Dez. bis März geschl., sonst Mo/Di geschl. | Tel. 03 80 49 22 00 | Fax 03 80 49 21 27 | www.hostellerie-chateauneuf. com | €).*

Als Variante zum Hotel findet sich 2 km westlich in Vandenesse-en-Auxois auf dem Canal de Bourgogne das *Hausboot Lady A. (3 Kajüten | Port du Canal | Tel. 03 80 49 26 96 | Fax 03 80 49 27 00 | www.peniche-lady-a.com/fr | €€).*

## CHÂTILLON-SUR-SEINE [112 B3]

In der brückenreichen Kleinstadt (6900 Ew.), 85 km nordwestlich von Dijon am Oberlauf der Seine, lohnt der Besuch des *Musée du Châtillonais* mit dem „Schatz von Vix". Prachtstück dieser Grabbeigaben aus dem 6. Jh. v. Chr. ist eine 1100 Liter fassende Bronzevase, 1,64 m hoch und 208 kg schwer *(April–Mitte Sept. Mi–Mo 10–18, Mitte Sept.–März 9.30–12 und 14–17 Uhr | 4,50 Euro).*

## ÉPOISSES [111 F5]

Die *Fromagerie Berthaud* an der Place du Champ de Foire hat ihn, den *époisses,* eine Art Mercedes unter den Weichkäsen. Nur Banausen taxieren seinen würzigen Duft als Gestank, bestaunen aber allemal die Verpackung. Auf der Holzschachtel ist eine Bastion abgedruckt, Teil des Schlosses von Époisses (800 Ew., 82 km nordwestl. von Dijon), dessen heutige Gestalt mit Wassergraben Ergebnis von Umbauten seit dem späten Mittelalter ist. Gruppenreisende dürfen die beiden Zimmer besichtigen, in denen König Henri IV. bzw. die Literatin Madame de Sévigné schliefen. Anderen Besuchern bleiben Grand Salon, Musik- und Speisesaal mit Mobiliar und Porträts ab dem 16. Jh. *Juli–Aug. Mi–Mo 10–12 und 15–18 Uhr | 6 Euro*

## FLAVIGNY-SUR-OZERAIN [112 B5]

Alles ist so, wie der Film „Chocolat" beginnt: von einer großen Vergangenheit entworfen, aber von den Zeichen heutiger Zeit verlassen. Die *chocolaterie* am Kirchplatz ist ein verwahrlostes Gebäude, die Innenaufnahmen wurden im Studio gedreht.

63 km nordwestlich von Dijon gelegen, besitzt Flavigny (430 Ew.) dennoch ein frankreichweit bekanntes Markenzeichen: Drageebonbons, die ein Aniskorn enthalten. Das Rezept ist eine Erfindung des Benediktinerklosters, das im 8. Jh. gegründet wurde. In den rekonstruierten Klostergebäuden führt Sie Cathérine Troubat durch die Bonbonfabrik *(Mo–Fr*

## > BESCHLAGNAHMT!

### Die Quelle der Seine ist Territorium der Hauptstadt

Paris besitzt einen Strand (am Ärmelkanal) und hat ebenso die Seine-Quelle [112 B5] beschlagnahmt, obwohl sie sich mitten in Burgund befindet, 38 km nordwestlich von Dijon nahe der N 71 in 471 m Höhe. Napoleon III., der über der Quelle die künstliche Grotte mit einer Marmornymphe bauen ließ, kaufte das Gebiet, weil der Fluss von großer Bedeutung für die Hauptstadt war. Die Verehrung der Göttin Sequana, nach der die Seine benannt ist, reicht bis in die Antike zurück. Bei Ausgrabungen kamen Opfergaben zutage, die im Archäologischen Museum von Dijon zu sehen sind.

*8.30–10 Uhr, in den ersten drei Augustwochen geschl.). Von der karolingischen Basilika hat sich die Krypta mit den Gebeinen der Ste-Reine erhalten. Die Heilige, die auch im Namen des Nachbarorts Alise erscheint, starb als Märtyrerin, weil sie einen römischen Statthalter verschmähte (Mo–Fr 8.30–11.30, 14–17 Uhr).*

### POUILLY-EN-AUXOIS     [112 B6]

**Insider Tipp**

Tunnelfahrten sind keine Seltenheit, wohl aber, wenn man sie im Boot zurücklegt. Mit der *Billebaude* unterqueren Sie den Ort Pouilly (1500 Ew., 44 km westl. von Dijon) auf dem *Canal de Bourgogne,* für den man im 19. Jh. einen 3333 m langen Schacht grub *(Infos zu organisierten Fahrten unter www.pouilly-auxois.com).*

### SAULIEU ★     [111 F6]

Saulieu (3200 Ew., 67 km westl. von Dijon) an der N 6 ist ein Zentrum legendärer Chefköche. Einer von ihnen, Bernard Loiseau, machte nicht nur als Küchenpapst Furore: Nachdem ihn der *Gault Millau* abgewertet hatte, beging er 2003 Selbstmord. Sein *Relais Bernard Loiseau* hat als Gourmettempel überlebt, dürfte aber bei dreistelligen Menüpreisen mehr zur Außenbesichtigung dienen.

Saulieus Ruhm fand schon im 17. Jh. einen Höhepunkt mit der Poststation vis-à-vis. Längst beherbergt sie das *Hôtel de la Poste* mit 38 gemütlichen, aber engen Zimmern um einen Innenhof. Das Restaurant bietet manierliche Genüsse zu erschwinglichen Preisen *(Rue Grillot | Tel. 03 80 64 05 67 | Fax 03 80 64 10 82 | www.hotel-de-la-poste.fr | €€).*

Auf der anderen Seite der N 6 liegt die Altstadt rings um die Basilika *St-Andoche* aus dem 12. Jh. *(Di–Sa 9–12 und 13.30–16.30 Uhr).* Ihre 50 Kapitelle zählen zu den romanischen

## > BÜCHER & FILME
### *Burgund auf spannenden Seiten und Streifen*

> **Wasserwege in Burgund** – Ursula und Wolfgang Taschner besuchen Burgund abseits der Straßen.

> **Burgund – Kulinarische Landschaften** – Ein unerlässliches Buch nicht nur für Gourmets von Martina Meuth und Bernd Neuner-Duttenhofer.

> **Je me souviens de la Bourgogne** – Der Bildband mit Fotos von Jean Combier ergibt ein fröhliches Andenken an die Zeit 1950–70, dazu kurze französische Texte von Pierre Bonte.

> **Stundenbuch der Maria von Burgund** – Bibliophile Druckfassung einer um 1477 entstandenen Handschrift mit Miniaturen zum Leben am Hof der Großen Herzöge.

> **Chocolat** – Süße Filmträume rund um ein verschlafenes Dorf, die Lasse Hallström teilweise in Flavigny-sur-Ozerain drehte (2001).

> **Cyrano de Bergerac** – Der Mann mit der ausgeprägten Nase war zwar in Aquitanien beheimatet, aber Dijons Altstadt und die Abtei Fontenay lieferten die schönere Filmkulisse (1990).

> **Hiroshima mon Amour** – Der Kinoklassiker von Marguerite Duras entstand 1959 in Nevers.

Schätzen Burgunds. Im Pfarrhaus nebenan zeigt das *Musée François Pompon* gallorömische Stelen, Werke des Bildhauers Pompon (1855–1933) und das Archiv eines der Starköche *(März–Dez. Mo 10 bis 12.30, Di Sa 10–12.30, 14–18, So 10.30–12, 14.30–17 Uhr, März und Okt.–Dez. Di geschl. | 4 Euro)*.

eine Schokoladenseite von Semur. In der malerisch gelegenen Kleinstadt, 71 km nordwestlich von Dijon, gehören die *Porte Sauvigny* und die ☀ *Tour de l'Orle d'Or* zur mittelalterlichen Stadtbefestigung, die auch die gotische Kirche *Notre-Dame* umschließt. Ein Museum mit archäologischen Funden, Gemälden und gut

Der befestigte Ort Semur-en-Auxois liegt auf einem Felsrücken in einer Biegung des Armançon

In den umliegenden Gassen hat so manches Geschäft den Charme alter Zeit bewahrt, etwa das 1832 gegründete *Café Parisien (rue du Marché)*, dessen verzierte Milchglasscheiben zum Blick ins Innere animieren.

## SEMUR-EN-AUXOIS ☀ [112 A5]

Der Fluss Armançon legt eine Schleife um den befestigten Ort (5500 Ew.) und beschert Ihnen im Norden und im Süden die Sicht auf je

bestückter Bibliothek befindet sich im ehemaligen *Couvent des Jacobines (Mi–Mo 14–18 Uhr | Eintritt frei)*. Uriges Restaurant-Bistro mit preiswerten burgundischen Spezialitäten: *Le Saint Vernier (13, rue Févret | Tel. 03 80 97 32 96 | €)*. Hotel: *Cymaises,* in der Altstadt gelegenes Haus aus dem 17. Jh. mit Restaurant, Garten und Parkplatz *(18 Zi. | 7, rue Renaudot | Tel. 03 80 97 21 44 | Fax 03 80 97 18 23 | www.hotelcymaises.com | €€)*.

# > SCHLÖSSER DES HIMMELS UND DER ERDE

Von der mittelalterlichen Basilika in Vézelay spannt sich ein weiter Bogen zu den Palästen der Renaissance

> **Im Norden streicht der Wind ungehindert über die Felder, ist kaum Schatten zu finden im sanft gewellten Land. Je weiter Sie entlang der Yonne ins Zentrum Burgunds vorstoßen, desto mehr erschließt sich Ihnen die einstige Wildheit dieser Region.**

Aus den nebelverhangenen Wäldern des Naturparks Morvan tief im Süden kam das Holz, das im Winter die Hauptstadt Paris wärmte. Die Flüsse und Kanäle, auf denen Flößer den Rohstoff transportierten, dienen heute dem Vergnügen von Hausbootkapitänen. Beim Landgang stehen Wanderungen und Radtouren auf dem Programm.

Entlang der Wege hat die Vergangenheit so manches Glanzlicht hinterlassen: die Stadt Auxerre mit ihrem Herz aus Fachwerk, die Renaissanceschlösser an der nördlichen Yonne und als bedeutendes Pilgerziel Vézelay mit der Kirche Ste-Madeleine.

Bild: Auxerre bei Nacht

# YONNE

## AUXERRE

KARTE IN DER HINTEREN UMSCHLAGKLAPPE

[111 D4] **Eine lange Häuserschnur samt Krone aus gotischen Kirchtürmen, das Ganze noch einmal im Spiegel der Yonne – mit diesem Bild wird die Stadt (38 000 Ew.) Sie empfangen.** Hinter der Musterkulisse verbirgt sich ein Gewirr von lebhaften Gassen, geprägt durch die vielen ★ *Fachwerkhäuser von Auxerre*. Markierungen im Straßenpflaster erleichtern den Rundgang.

### ■ SEHENSWERTES

**ABBAYE ST-GERMAIN/
MUSÉE D'ART ET D'HISTOIRE D'AUXERRE**
Bischof Germanus, Patron gegen Durchfall, starb 448 in Ravenna, doch seine Gebeine ruhen in der doppelstöckigen *Krypta von St-Germain*. Die Räume wurden bereits im 9. Jh. mit Fresken ausgestattet, seltene und

Erzählkunst aus Glas: Berühmt ist der Fensterzyklus der Cathédrale St-Étienne

sehr sehenswerte ⭐ *Wandmalereien der Karolingerzeit.* Weniger bedeutend ist das gotische Gotteshaus, das später über der Unterkirche errichtet wurde. Zugang zur Krypta erhalten Sie über das *Musée d'Art* im angeschlossenen Benediktinerkloster, das archäologische Funde zwischen prähistorischer Zeit und Mittelalter zeigt *(Mai–Sept. Mi–Mo 10–18.30, Nov. bis April Mi–Mo 10–12 und 14–18 Uhr | 6,20 Euro | 2bis, place St-Germain).*

### CATHÉDRALE ST-ÉTIENNE

Vom ältesten Oratorium aus dem 4. Jh. bis zum romanischen Bauwerk des 11. Jhs. brannten alle Kirchen an dieser Stelle nieder. Verschont blieb die freskengeschmückte Krypta, auf der ab 1215 die heutige Kathedrale entstand. Die Glasfenster im Chor sind datiert (1234) und dem damaligen Bischof Henri de Villeneuve zugewiesen. In der Schatzkammer befinden sich wertvolle Emailarbeiten der Schule von Limoges *(April–Okt. tgl. 9–18, Nov.–März 9–17, So ab 14 Uhr | place St-Étienne).*

### MUSÉE LEBLANC-DUVERNOY

Das Palais des 17./18. Jhs. ist mit Antiquitäten, Fayencen und Wandteppichen ausgestattet. *Mi–Mo 14–18 Uhr | 2,20 Euro | 9bis, rue d'Egleny*

### ■ ESSEN & TRINKEN ■

### JEAN-LUC BARNABET

Die 1990 eröffnete Ein-Stern-Küche im Herrenhaus an der Yonne zählt zu den Top-Adressen der Stadt, auch wenn der Service Wünsche offenlässt. Spezialität: Trüffeln der Region. *Mo, Di mittags und So abends geschl. | 14, quai de la République | Tel. 03 86 51 68 88 | www.jlbarnabet.com | €€€*

### LES MÉLÈZES

Im Herzen der Altstadt hat sich das gemütliche Restaurant mit Käsespezialitäten aus Savoyen etabliert. Der Clou: in einer Runde sitzen und gemeinsam von einer großen Platte naschen. *Mo geschl. | 17, rue Fécauderie | Tel. 03 86 51 04 40 | €*

### ■ ÜBERNACHTEN ■

### NORMANDIE 📶

Stilvoll eingerichtete, geräumige Zimmer am Rand der Altstadt (Garage). *47 Zi. | 41, bd. Vauban | Tel.*

03 86 52 57 80 | Fax 03 86 51 54 33 |
*www.hotelnormandie.fr* | €€

### SEIGNELAY

Das gemütliche Haus aus dem 18. Jh.
mit Restaurant und Garten ist eine
ungeschlagene Low-Budget-Adresse.
*20 Zi.* | *2–6, rue du Pont* | *Tel.
03 86 52 03 48* | *Fax 03 86 52 32 39* |
*www.leseignelay.com* | €

### ■ FREIZEIT & SPORT

Das *Office de Tourism*e vermietet
Elektroboote für 4–5 Personen, mit
denen Sie ohne Führerschein auf
dem *Canal du Nivernais* tuckern
können *(je nach Dauer 12–80 Euro).*

### ■ AM ABEND

**Insider Tipp**

Das am Ufer der Yonne vertäute
Schiff *Le Coche d'O* beherbergt eine
beliebte Bar: *Quai République (Tel.
03 86 52 25 55)*. Schauspiel und Musik von Klassik bis Jazz stellt das
*Théâtre* bei den *Scènes en Auxerrois*
auch in den umliegenden Gemeinden
vor *(Adresse in der Stadt: 54, rue
Joubert* | *Tel. 03 86 72 24 24* | *www.
auxerreletheatre.com)*. Ein beliebter
Treffpunkt nach Veranstaltungen ist
die ▶▶ *Café-Bar du Théâtre* in einem
benachbarten Fachwerkhaus.

### ■ AUSKUNFT

**OFFICE DE TOURISME**
*1–2, quai de la République* | *Tel.
03 86 52 06 19* | *Fax 03 86 51 23 27* |
*www.ot-auxerre.fr*

### ■ ZIELE IN DER UMGEBUNG

**CHABLIS**                    [111 E3–4]
Chablis steht für gehaltvollen Weißwein aus der Chardonnaytraube, der
von 19 Gemeinden auf 45 km$^2$ ange-
baut wird. Die *Grands Crus,* die
Spitzenprodukte, gedeihen um den
Hauptort *Chablis* (2600 Ew., 16 km
östl. von Auxerre), dessen Fachwerkhäuser von der Zeit künden, als die
Äbte von Pontigny den Sommer in
Chablis verbrachten. Einen sehr
authentischen Einblick in diese Ära
vermittelt Ihnen die Weinhandlung
*La Cave du Connaisseur (6, rue des
Moulins),* wo das Stöbern im mittelalterlichen Kellergewölbe ebensol-
chen Genuss bereitet wie die Weinprobe.

**Insider Tipp**

Als zentrale und charmante Über-
nachtungsadresse passt dazu eine alte
Mühle mit Weinbar und hervorragen-
dem Restaurant *(So geschl.* | *€€€)*,
unter deren Wasser des Serein glu-
ckert: *Le Vieux Moulin (7 Zi.* | *18, rue
des Moulins* | *Tel. 03 86 42 47 30* |

**Insider Tipp**

# MARCO POLO HIGHLIGHTS

★ **Fachwerkhäuser von Auxerre**
Malerische Altstadt im Ständerbau
(Seite 49)

★ **Wandmalereien
der Karolingerzeit**
Die wohl ältesten Fresken Frankreichs
befinden sich in der Krypta von
St-Germain in Auxerre (Seite 50)

★ **Château de St-Fargeau**
Bilderbuchschloss der Cousine von
Ludwig XIV. mit Historienspiel und
Dampflokomotiven (Seite 52)

★ **Basilique Ste-Madeleine**
Die kleine Bergstadt Vézelay bietet
mit diesem Gotteshaus die Crème
romanischer Baukunst (Seite 58)

Fax 03 86 42 84 44 | www.laroche hotel.fr | €€€).

Das *Office de Tourisme* schlägt ab Chablis sieben Wanderungen von 8 bis 33 km vor, die kürzeste erschließt Ihnen das Gebiet der *Grands Crus*.

### CHÂTEAU ANCY-LE-FRANC          [111 F4]

François I. holte den italienischen Architekten Sebastiano Serlio an seinen Hof. Der baute nicht nur für den König, sondern errichtete ab 1546 auch ein Renaissanceschloss für dessen Minister Antoine III. de Clermont. Die Dimensionen von Ancy-le-Franc (50 km östl. von Auxerre) beeindrucken ebenso wie seine umfangreichen Malereien. *Ende März–Mitte Nov. Di–So 10.30, 11.30, 14, 15, 16, im Sommer auch 9.30 und 17 Uhr | 8 Euro | www.chateau-ancy.com*

### Insider Tipp CHÂTEAU DE MAULNES          [111 F3]

Es gilt als Markenzeichen des französischen Manierismus, eines Stils, der das Absonderliche sucht – hier ist es das Spiel mit Licht und Wasser in einer Architektur, die sich auf elementare Formen beschränkt. Das fünfeckige Schloss, 60 km nordöstlich von Auxerre, wurde 1566–72 erbaut und ist nach umfangreicher Restaurierung erst seit 2006 wieder zu besichtigen. *Mitte April–Ende Okt. Sa/So 14.30–17.30 Uhr | 2 Euro | www.maulnes.com*

### CHÂTEAU DE RATILLY          [110 C5]

Wenn alles nach Plan verläuft, erhält Ratilly (50 km südwestl. von Auxerre) bis 2023 einen Bruder: Das imposante Château, das eine Töpferwerkstatt birgt, hat seine Wurzeln im 13. Jh. und ist Vorbild für ein zweites

Schloss, das derzeit 5 km nördlich am *Étang de Guédelon* errichtet wird (s. Kapitel „Mit Kindern reisen"). *Mitte Juni–Mitte Sept. tgl. 10–18, April–Mitte Juni, Mitte Sept.–Okt. Mo–Fr 10–12, 14–18, Sa/So 15–18 Uhr*

### CHÂTEAU DE ST-FARGEAU ★          [110 C4]

Das Schloss, 44 km westlich von Auxerre, war eine schnöde Festung, bis Mademoiselle kam: Ludwig XIV. hatte seine Cousine Anne-Marie-Louise d'Orléans wegen Verrats 1652 nach Burgund verbannt. Während ihres fünfjährigen Exils ließ sie das Château im Ort *St-Fargeau* (1800 Ew.) umgestalten *(Mitte März–Mitte Nov. tgl. 10–12, 14–18 Uhr | 9 Euro | www.chateau-de-st-fargeau.com).*

Aus aller Welt stammen die Dampfloks, die im Park des Schlosses aufgestellt wurden und Kinder ebenso wie ihre Väter begeistern. Richtig voll wird es, wenn im Schloss 600 Dorfbewohner das 90-minütige *Spectacle Historique* aufführen *(Mitte Juli–Ende Aug. Fr/Sa 22.30 Uhr | 16 Euro).*

### CHÂTEAU DE TANLAY          [111 F3]

Im Gegensatz zum benachbarten Château Ancy-le-Franc kündigt sich mit dem Wasserschloss von Tanlay (40 km östl. von Auxerre) bereits Verspieltheit an. Begonnen um 1555 für François d'Andelot aus der protestantisch geprägten Familie Coligny, diente das Schloss während der Religionskriege als Treffpunkt der Hugenotten. Der pompöse Umbau des Schlosses fand ab 1642 für Michel Particelli d'Émery statt, einen Günstling des Erzkatholiken Richelieu

(April–Mitte Nov. Mi–Mo 9.30–11.30 und 14.15–17.15 Uhr). Ebenfalls nur im Sommerhalbjahr geöffnet ist das Restaurant *Le Bonheur Gourmand*, das in einem Anbau des Schlosses mit jeweils nur einem saisonal wech-

schnecken und Kalbskopf vertraut machen wird. Inhaberin Graziella Journiat setzt sich gern mal zu Ihnen an den Tisch und verrät ein paar ihrer Kochgeheimnisse *(17 Zi. | 4, place Jean Bertin | Tel. 03 86 41 55 14 |*

Ein Schmuckstück der Renaissance ist das von Wassergräben umgebene Château de Tanlay

selnden Menüvorschlag aufwartet *(Tel. 03 86 75 82 18 | €)*.

## DRUYES-
## LES-BELLES-FONTAINES     [111 D5]

Die „schönen Quellen", die dem Dorf (300 Ew., 33 km südl. von Auxerre) zu seinem Namen verhalfen, gaben im 12. Jh. Anlass zum Bau einer Burg und der romanischen Kirche St-Romain. Im Ortskern sind die Wasser zu einem Teich gestaut, dort finden Sie auch die *Auberge des Sources* mit zwar bescheidenen Zimmern, aber einem erstaunlich guten Restaurant, das Sie mit Weinberg-

*Fax 03 86 41 90 31 | www.auberge dessources.com | €€, Menü €)*.

## IRANCY     [111 E4]

*AOC*, die kontrollierte Herkunftsbezeichnung, bürgt für Qualität und wurde 1999 an die Rotweine von Irancy (350 Ew., 14 km südöstl. von Auxerre) vergeben. Mit ihrer Note von schwarzer Johannisbeere, Kirsche und Gewürzen zählen sie zu den burgundischen Spitzenerzeugnissen. An der Zufahrtstraße aus Richtung Osten gestattet ein ✲ Aussichtspunkt den herrlichsten Blick über das Winzerdorf und das Tal der Yonne.

## JOIGNY [111 D3]

Was dem Brand von 1530 entkam, wurde im Zweiten Weltkrieg Opfer von Bomben. Dennoch ist Joigny (11 000 Ew.) teils nach alten Vorbildern neu erstanden und bietet 27 km nördlich von Auxerre wieder eine anmutige Silhouette am Ufer der Yonne. Fachwerkhäuser umgeben die Renaissancebasilika *St-Jean,* ihr zu Füßen steht in der Unterstadt die spätgotische Kirche *St-Thibault.* Den schönsten Blick über Stadt und Fluss haben Sie vom Weinberg ⚜ *Côte St-Jacques* im Norden.

Den Namen verbinden viele Genießer allerdings eher mit einem berühmten Hotel-Restaurant: 🔊 *La Côte St-Jacques* in herrlicher Lage am Flussufer (32 Zi. | 14, faubourg de Paris | Tel. 03 86 62 09 70 | Fax 03 86 91 49 70 | www.cotesaintjac ques.com | €€€).

## NOYERS [111 E–F4]

**Insider Tipp**

Man müsste nur den Geldautomaten überkleben, dann wäre der Ort an Serein-Ufer (850 Ew.) die perfekte Kulisse für einen Historienfilm: Kopfsteinpflaster, Fachwerk und eine stattliche Mauer mit 16 Rundtürmen, in deren Schutz mittwochs der Wochenmarkt abgehalten wird. 40 km südöstlich von Auxerre gelegen, bietet Noyers eine verträumte Dorfatmosphäre inmitten lauschiger Natur und obendrein die richtige Adresse zum Ausspannen: Das *Chambre d'hôte de la Vieille Tour* mit Garten am Fluss verknüpft modernes Interieur mit der mittelalterlichen Architektur eines Wachturms (59, place du Grenier-à-Sel | Tel. 03 86 82 87 69 | Fax 03 86 82 66 04 | €).

**Insider Tipp**

## PONTIGNY [111 E3]

*Les Décades* hießen die Dichterlesungen, die der Philosoph Paul Desjardins 25 km nordöstlich von Auxerre in den restaurierten Klostergebäuden von Pontigny veranstaltete. Auch Thomas Mann schlenderte über das Kopfsteinpflaster der alten Allee, die auf das Portal der größten erhaltenen Zisterzienserkirche *Notre-Dame de l'Assomption* zuläuft. Die 117 m Länge des Gotteshauses lassen sich am besten von den benachbarten Feldern aus erfassen. Im Innern sollten Sie aufgrund der pompösen Einrichtung des 17./18. Jhs. nicht die klare zisterziensische Architektur übersehen. 1114 als zweites Tochterkloster der Abtei von Cîteaux gegründet, wurde dem romanischen Langhaus im 13. Jh. ein neuer gotischer Chor angefügt (Mai–Sept. tgl. 9–19, Okt.–April 10–17 Uhr).

## ST-SAUVEUR-EN-PUISAYE [110 C4]

Ohne Colette hätten die 900 Einwohner von St-Sauveur (39 km südwestl. von Auxerre) ihre Ruhe. Doch das Dorf hat sich seinem Schicksal ergeben und der 1873 hier geborenen Dichterin im Schloss das *Musée Colette* gewidmet (April–Okt. tgl. 10 bis 18, Nov.–März 14–18 Uhr | 5 Euro).

## TONNERRE [111 E3]

Vom Ruin, den im 19. Jh. die Reblaus brachte, erholen sich die Winzer erst seit den 1970er-Jahren. Dabei hat sich die Kleinstadt am Armançon (6000 Ew., 33 km östl. von Auxerre) viel Fachwerk und zwei Sehenswürdigkeiten ersten Ranges bewahrt. Marguerite de Bourgogne stiftete 1293 das Armenspital *Hôtel-Dieu,* dessen Krankensaal – später bei der Umnutzung zur Kirche auf 90 m verkürzt – einst der größte Frankreichs war. Auf einem Hügel erhebt sich die gotische Kirche *St-Pierre,* bei der ein Schild zur *Fosse Dionne* weist. Das kreisrund eingefasste Quellbecken mit 28 m tiefem Schacht diente bis ins 20. Jh. als Waschplatz. Übernachtung in einem modern eingerichteten *chambre d'hôte* mit Garten und Pool: *Le Clos des Hérons (3 Zi. | chemin de Tarte Maillet | Tel. 03 86 55 20 76 | www.leclosdesherons.com | €).*

# AVALLON

[111 E5] Verträumt, jedoch mit Hang zu einer geschäftigeren Zukunft – die alte Festungsstadt (9000 Ew.) auf einem Hügel streckt ihre Fühler nach Norden in die Ebene aus, während sie im Süden, hoch über dem Tal des Cousin, Geschichtsbewusstsein wahrt.

## ■ SEHENSWERTES ■

### ÉGLISE ST-LAZARE

In einer Hinsicht ist die Kirche aus dem 11./12. Jh. ein Ableger von Autun: Ein Teil der Lazarus-Gebeine sollen einst hierher gelangt sein, wodurch auch Avallon Wallfahrtsort wurde. *St-Lazare* an der *Rue Bocquillot* ist allerdings bei Weitem nicht so prächtig ausgestattet wie sein „großer Bruder" in Autun. Die stark beschädigte Fassade besitzt noch ein schönes romanisches Portal.

### MUSÉE DE L'AVALLONNAIS

Interessanter als die kleine Gemäldesammlung des Museums sind die archäologischen Exponate, darunter Funde aus den Grotten von *Arcy-sur-*

Die Fosse Dionne, eine schon den Kelten heilige Karstquelle, war der Waschplatz von Tonnerre

# AVALLON

*Cure. Juli–Sept. Mi–Mo 14–18, Okt.–Juni Sa/So 14–18 Uhr | Eintritt frei | 5, rue de la Collège*

### STADTMAUER ☀

Die Stadt hoch über dem Fluss Cousin wurde im 15./16. Jh. befestigt. Große Teile der Mauer sind noch erhalten und ermöglichen Ihnen einen Rundgang mit schönen Ausblicken.

### TOUR D'HORLOGE

Der Uhrenturm (1453) inmitten der Altstadt diente einst als Wachturm.

## ■ ESSEN & TRINKEN ■

**Insider Tipp**

### LE RELAIS DES GOURMETS

Ländlich geprägte Küche und sogar ein vegetarisches Menü. Die Qual der Wahl beginnt beim Sitzplatz: rustikaler Burgundersaal, Kaminzimmer oder Lichthof, der mit 100-jährigen Olivenbäumen bepflanzt ist. *Außer-halb der Saison So abends und Mo geschl. | 47, rue de Paris | Tel. 03 86 34 18 90 | www.relaisdesgourmets. com | €–€€*

## ■ ÜBERNACHTEN ■

### AUBERGE DU RELAIS FLEURI

Gemütliches Anwesen am Stadtrand mit Wellnessangeboten (Pool, Tennis, Solarium), einem großen Park und einem guten Restaurant *(€–€€€)*. *48 Zi. | Sortie Autoroute/N 6 | Tel. 03 86 34 02 85 | Fax 03 86 34 09 98 | www.relais-fleuri.com | €€*

### HOSTELLERIE DE LA POSTE

**Insider Tipp**

Schon der Innenhof entführt Sie in die Ära der Postkutschen. 1815 mietete sich Napoleon in der Hostellerie ein, die damals bereits 100 Jahre alt war. Erlesenes Restaurant *(So/Mo geschl. | €–€€). 30 Zi. | 13, place Vauban | Tel. 03 86 34 16 16 | Fax 03 86 34 19 19 | www.hostelleriedela poste.com | €€€*

## ■ FREIZEIT & SPORT ■

Klettern, Rafting, Quad oder Paintball – *Loisirs en Morvan* arrangiert **Insider Tipp** allerlei Abenteuersport rings um Avallon, teils mit Übernachtung. *40, rue de Lyon | Tel. 03 86 31 90 10 | Fax 03 86 31 91 11 | www.loisirsen morvan.com*

## ■ AM ABEND ■

Nette Adresse zum Ausspannen gesucht? Dann könnte Ihre Wahl auf den *Salon de Thé Chez Dame Jeanne* **Insider Tipp** fallen. Kleine vegetarische Gerichte im Ambiente des 17. Jhs., zwei holzvertäfelte Säle und eine Innenterrasse. *59, grande rue Aristide Briand | Tel. 03 86 34 58 71 | €*

## >LOW BUDGET

> Den *Auxerre Pass* gibt es gegen einen symbolischen Betrag von 2 Euro im *Office de Tourisme*, er bietet sieben Vergünstigungen, z. B. den halben Eintrittspreis bei Museen.

> Für hungrige Spätankömmlinge steht vor dem Restaurant *La Tour* in Auxerre ein Automat. Er backt rund um die Uhr frische Pizza, Preis zwischen 6 und 9 Euro. *Place des Cordeliers | Tel. 03 86 51 72 48*

> Die Jugendherberge in Vézelay hält mit Preisen um 10 Euro pro Bett das wohl billigste Nachtlager Burgunds bereit. *Auberge de Jeunesse | Route de l'Étang | Tel./Fax 03 86 33 24 18*

## ■ AUSKUNFT ■

**OFFICE DE TOURISME**
*6, rue Bocquillot | Tel. 03 86 34 14 19
| Fax 03 86 34 28 29 | www.avallon
nais-tourisme.com*

Montréal (190 Ew.) mit einem Stück Mittelalter. Sie sollten es vom Parkplatz an der D 957 aus zu Fuß erobern und oben beim ☀ Kirchplatz den Blick auf die Ebene genießen.

Wohnen und gut speisen in einer ehemaligen Postkutschenstation: Hostellerie de la Poste

## ■ ZIELE IN DER UMGEBUNG ■

**ARCY-SUR-CURE**            [111 E4–5]
Durch den Bauch einer dramatischen Felslandschaft am Fluss Cure winden sich die Tropfsteinhöhlen von Arcy, darin rund 200 000 Jahre alte Felszeichnungen (19 km nordwestl. von Avallon). *März–Nov. tgl. 9.30–12, 14–18 Uhr | 8 Euro | www.grottes-arcy.net*

**MONTRÉAL**            [111 F5]
12 km nordöstlich von Avallon und jenseits der Autobahn nach Paris überrascht das ummauerte Dorf

Die Kirche stammt aus romanischer Zeit, ihr geschnitztes Chorgestühl aus dem 16. Jh.

**QUARRÉ-LES-TOMBES**            [111 E–F6]
Über 100 *tombes* sind säuberlich rings um die Kirche des 700-Seelen-Dorfes Quarré sortiert, das 19 km südlich von Avallon liegt. Die Grabsteine verblieben als Rest einer viel umfangreicheren Kollektion, die Steinmetze zwischen dem 7. und 10. Jh. auf Vorrat anfertigten. Gourmets finden mehr Geschmack an den beiden Genießeradressen, von denen

die *Auberge de l'Atre* besonders gut, aber auch besonders teuer ist. Ein Kompromiss wäre das Hotel-Restaurant 🔊 *Le Morvan (8 Zi. | 6, rue des Écoles | Tel. 03 86 32 29 29 | Fax 03 86 32 29 28 | www.le-morvan.fr | €€).*

## VALLÉE DU COUSIN [111 E–F5]

Am Südrand von Avallon scheint die Welt wie abgebrochen: Der Fluss Cousin hat sich dort ein idyllisches, im Sommer erfrischend kühles Tal in den Granit gefressen. Die alten Wassermühlen dienen längst Freizeitzwecken und ergeben komfortable Herbergen mit Garten und sprudelndem Wasser, wie beispielsweise – 4 km vor Avallon – das *Moulin des Templiers (15 Zi. | 10, route de Cousin | Pontaubert | Tel. 03 86 34 10 80 | Fax 03 86 34 03 05 | www. hotel-moulin-des-templiers.com | €€).*

## VÉZELAY [111 E5]

Den ehemals 10 000 Einwohnern von Vézelay, 15 km westlich von Avallon auf einem Hügel gelegen, stehen heute gerade mal 500 gegenüber. Manche verbringen nur den Sommer im Ort, um sich von den Touristenschwärmen zu nähren. Ziel der Reisenden ist eines der glanzvollsten Gotteshäuser der Romanik: die ★ *Basilique Ste-Madeleine*, die im 12. Jh. einen gotischen Chor erhielt und ab 1840 von Viollet-le-Duc restauriert wurde. Höhepunkte des Kirchenschmucks sind das zentrale Innenportal mit Christus im Glorienschein und die grandiosen Kapitelle.

Wallfahrtskirche und architektonisches Highlight: Basilique Ste-Madeleine in Vézelay

> *www.marcopolo.de/burgund*

Eine ausgezeichnete Einführung erhalten Sie in der *Maison du Visiteur*, die audiovisuell über das Wunder Vézelay berichtet (*Mai–Allerheiligen Mi–Mo 10.30, 11, 15, 15.30 Uhr | 7 Euro | place Guillon | www.vezelay-visiteur.com | weitere Infos und Konzertkalender: http://vezelay.cef.fr*).

Dem Zisterzienser Bernhard von Clairvaux war der bildreiche Spuk ohnehin ein Dorn im Auge. Dennoch wählte er am 31. März 1146 das kulturelle Zentrum Vézelay, um die Christen zum Zweiten Kreuzzug aufzurufen. Diese Szenerie wird am ehesten vor Ihrem geistigen Auge erstehen, wenn Sie vom ✹ Aussichtsplatz hinter dem Chor über das weite Land blicken.

Nach dem mittelalterlichen Niedergang lebte das Pilgerwesen in Vézelay erst im 20. Jh. wieder auf, vor allem nachdem 1946 in Gedenken an die Kreuzzüge ins Heilige Land ein Kreuzzug des Friedens Zehntausende nach Burgund gelockt hatte.

Die spirituelle Bedeutung hat Vézelay berühmte Besucher beschert, darunter den Schriftsteller Romain Rolland. Sein Wohnhaus, in dem er 1944 starb, beherbergt inzwischen als *Musée Zervos* eine Sammlung moderner Kunst (*Mitte März bis Mitte Nov. Mi–Mo, im Sommer tgl. 10–18 Uhr | 3 Euro | Rue St-Étienne | www.musee-zervos.com*).

Auch den Chansonnier Serge Gainsbourg zog es kurz vor seinem Tod nach Vézelay. Er logierte und speiste in Marc Meneaus *L'Espérance,* dem ebenso berühmten wie teuren Hotel-Restaurant im Vorort *St-Père-sous-Vézelay (Tel. 03 86 33 39 10 | www.marc-meneau-esperance.com | €€€*).

Als Höhepunkt des Jahres gilt die Wallfahrt nach Vézelay am 22. Juli. Hotelzimmer sind dann nur nach langer Vorausbuchung zu bekommen. Statt der Häuser beim Parkplatz zu Füßen des Hügels sollten Sie die ruhiger gelegene *Maison des Glycines* **insider Tipp** direkt bei der Kirche wählen (*Rue St-Pierre | 12 Zi. | Tel. 03 86 32 35 30 | Fax 03 86 33 21 67 | lesglycines. bourgogne@club-internet.fr | €€*).

## > STE-MADELEINE
### *Der Streit um echte oder gefälschte Knochen*

Nichts war im Mittelalter so wertvoll wie heiliges Gebein. Einzig damit ist zu erklären, dass Vézelay im Zuge des aufkeimenden Marienkults im 11. Jh. zur hochrangigen Station am Jakobsweg wurde. Aller Trubel rankt sich um eine 860 gegründete Klosterkirche. Die Behauptung, sie berge Reliquien der hl. Maria Magdalena, war 1096 Motor für einen ersten Neubau der Basilika Ste-Madeleine. Eine mittelalterliche Farce bewahrte die Kirche vor dem Vandalismus der Religionskriege: Die Dominikaner, Konkurrenten der Benediktiner, hatten „nachgewiesen", dass die burgundischen Reliquien gefälscht waren und das echte Gebein in einer provenzalischen Grotte ruhte. Dieser Eröffnung folgte der Niedergang von Ste-Madeleine. Heute lockt die unter Unesco-Schutz stehende Basilika jährlich fast eine Million Besucher an.

# > BURGUND VON SEINER STILLEN SEITE

Ein grünes Land für Wanderer und Hausbootkapitäne

> *La France profonde,* Frankreich an der Basis, das ist die Region rings um Nevers. Die Loire nimmt schon an Kraft und Breite zu, Kanäle und Zuflüsse bilden Urlaubsreviere. Nachdem die Flößer ihr einst blühendes Geschäft niedergelegt haben, dienen die Wälder nur noch der Erholung.

## NEVERS

[114 C2] Ob Jazz oder Rock, Nevers ist ein Begriff in der modernen Musikszene. Zudem macht sich zwischen alten Prachtbauten das Fluidum einer aufkeimenden Stadt breit. Dank seiner Lage an der oberen Loire war Nevers (41 000 Ew.) einst Umschlagplatz für Handel und Industrie, besaß aber mit seinen Fayencemanufakturen ein weiteres Standbein. Von der Blüte des Handwerks im 17. und 18. Jh. blieben vier noch nach alter Tradition arbeitende Fabriken. Schön für einen ersten Eindruck: ein Gang auf den Stadtmauern.

Bild: Étangs de Vaux et de Baye

# NIÈVRE

■ SEHENWERTES ■

### CATHÉDRALE ST-CYR-ET-STE-JULITTE

Mit ihrem Doppelchor scheint die Kathedrale zwei „Rückseiten" zu besitzen. Über einem Baptisterium aus dem 6. Jh. als Fundament türmen sich Neu- und Umbauten bis ins 16. Jh. Beim Bombardement von 1944 wurden die gotischen Glasfenster zerstört. Sehenswert bleibt das Fresko im Westchor aus dem 12. Jh. *Rue du Cloître St-Cyr*

### COUVENT ST-GILDARD

Hinter dem friedlichen Ausdruck einer Wachsmaske lauert das Gesicht des Todes: Ein gläserner Schrein in der Kapelle des Klosters birgt die mumifizierten Gebeine von Bernadette Soubirous (1844–79). Dem Hirtenmädchen soll in Lourdes die Jungfrau Maria erschienen sein, 1866 zog sie sich vor den Pilgerströmen nach Burgund zurück, doch mittlerweile ist auch St-Gildard ein Wallfahrtsort.

*April–Okt. 7–12.30 und 13.30 bis 19.30, Nov.–März 7.30–12 und 14 bis 18 Uhr | 34, rue St-Gildard*

### ÉGLISE ST-ÉTIENNE

Nevers' bedeutendstes Gotteshaus entstand ab 1063 in der Tradition

**Fayencen aus Nevers:**
**Handwerkskunst mit Tradition**

Clunys. Zwar besitzt die romanische, 1097 geweihte Kirche kaum Skulpturenschmuck, doch blieb sie mit Ausnahme der Türme fast unverändert erhalten. *Rue St-Étienne*

### FAÏENCE D'ART MONTAGNON ★

Von Genua gelangte die Technik der Fayence 1556 nach Lyon, 20 Jahre

später auch nach Nevers. Kobaltblaue Farbgebung blieb ein klares Stilmerkmal der Stadt, auch im 17. Jh., als das Geschäft boomte. Von den damals fünf bedeutenden Manufakturen hat eine überlebt, wenn auch unter anderem Namen: Aus der 1648 gegründeten *Bout du Monde* wurde die *Faïence d'Art Montagnon,* wo Sie Ausstellungs- und Verkaufsraum besichtigen können, aber auch bei der Arbeit zuschauen dürfen. *April bis Okt. Mo–Sa 9–12 und 14–19 Uhr | 10, rue de la Porte-du-Croux | www. faience-montagnon.fr*

### PALAIS DUCAL

Der Name bezeichnet einen Herzogpalast, begonnen wurde der Adelssitz an der Loire allerdings 1475 für den Grafen von Clamecy. Erst später zogen die Herzöge von Kleve und Gonzaga ein und ließen den Palast im Stil der Renaissance erweitern. Am Vorplatz stehen pompöse Bürgerhäuser und das Theater aus dem 19. Jh. *Place Ducal*

### ■ ESSEN & TRINKEN ■
### LE CÉPAGE GOURMAND

Eine versteckte Adresse in der gastronomisch nicht gerade reich gesegneten Stadt. Traditionelle und moderne Gerichte aus frischen Zutaten, appetitlich angerichtet. *Sa mittags, So abends und Mo geschl. | 29, rue de la Barre | Tel. 03 86 59 21 77 | €*

### JEAN-MICHEL COURON

Insi Ti

Exotische Früchte und indische Gewürze reichern die Kreationen des Konditorsohns Jean-Michel Couron an. Zutaten und hauseigene Schokolade sind in einer eigenen Boutique erhältlich. Einer der drei Speisesäle ist Teil eines ehemaligen Klosters. *So abends, Mo und Di mittags geschl. | 21, rue St-Étienne | Tel. 03 86 61 19 28 | www.jm-couron.com | €€*

### ■ EINKAUFEN

Als 1901 der abessinische Kaiser zu Besuch kam, hatte der *Chocolatier Grelier* ein Präsent für ihn parat: Weichkaramell in Schokolade, umgeben von einem Zuckermantel. Noch heute erhältlich bei *Au Négus (96, rue François-Mitterrand).*

### ■ ÜBERNACHTEN

#### CHÂTEAU DE FOUR DE VAUX

*Chambre d'hôte* in einem Schloss (19. Jh.) am nordwestlichen Stadtrand. Lunchpaket und Abendessen erhältlich. *5 Zi. | Varennes-Vauzelles | Tel. 03 86 61 32 39 | Fax 03 86 61 32 39 | www.chateaudufourdevaux.com | €€€*

#### DIANE 🔊

Stilvolles Haus aus dem 18. Jh. mit gutem Restaurant. Einige Zimmer mit offenem Balkenwerk. Komfort und Atmosphäre zu erschwinglichem Preis. *30 Zi. | 38, rue du Midi | Tel. 03 86 57 28 10 | Fax 03 86 59 45 08 | www.bestwesterndiane-nevers.com | €€*

#### LA FOLIE 🔊

Bei der Familie Rosier wohnen Sie in ruhiger, grüner Lage am Ufer der Loire. Modern eingerichtetes Hotel mit Restaurant, Tennis und Pool. *37 Zi. | route des Saulaeies | Tel. 03 86 57 05 31 | Fax 03 86 57 66 99 | www.hotel-lafolie.com | €€*

### ■ FREIZEIT & SPORT

Zu geführten Wanderungen mit speziellen Themen (Vogelbeobachtung, Leben am Loire-Ufer) können Sie mit *Instant Nature* aufbrechen: *Tour Goguin (Tel. 03 86 57 98 76 | www.instant-nature.org).*

### ■ AM ABEND

Kultige Adresse für Nachtschwärmer ist das ▶▶ *Café Charbon (10, rue Melle Bourgeois | www.aucharbon.org), das viele junge Talente auf die Bühne bringt, vor allem aus dem Jazz.*

## MARCO POLO HIGHLIGHTS

⭐ **Faïence d'Art Montagnon**
Die Fayencewerkstatt mit den frankreichweit ältesten Wurzeln
(Seite 62)

⭐ **La Charité-sur-Loire**
Eine bewohnte Ruine in Nevers als Weltkulturerbe (Seite 64)

⭐ **Canal du Nivernais**
Romantik im Hausboot ab Châtillonen-Bazois (Seite 65)

⭐ **Musée d'Art et d'Histoire**
Die Geschichte der Flößerei dokumentiert ein Museum der pittoresken Stadt Clamecy (Seite 65)

⭐ **Magny-Cours**
Grand-Prix-Rennstrecke der Formel 1 in der Provinz (Seite 67)

⭐ **Pouilly-sur-Loire**
Renommiertes Zentrum des Weinanbaus an der Loire (Seite 67)

**OFFICE DE TOURISME**
*Palais Ducal | rue Sabatier | Tel.*
*03 86 68 46 00 | Fax 03 86 68 45 98 |*
*www.nevers-tourisme.com*

## ■ ZIELE IN DER UMGEBUNG ■

**LA CHARITÉ-SUR-LOIRE** ⭐ [114 B–C1]

25 km nördlich von Nevers empfängt
Sie ein herrlicher ☀ Panoramablick
über die Loire auf das Städtchen *La
Charité* (6000 Ew.). Die einstige Pil-
gerstation besaß eines der reichsten
Klöster und mit *Ste-Croix-Notre-
Dame* die zweitgrößte Kirche Frankreichs, 122 m lang und für 5000 Gläu-
bige konzipiert. Nach einem Brand
1559 bauten die Menschen zwischen
dem erhaltenen Chor und dem West-
turm ihre Häuser und schufen so ein
einzigartiges Ensemble, das heute
zum Unesco-Welterbe zählt. Fund-
stücke aus dem Kloster entdecken
Sie im *Musée Municipal (Juni–Sept.
Mo, Mi–Sa 10–12 und 14–18, So 14
bis 18, Okt.–Dez., Feb.–Mai Mi bis
Sa 10–12 und 14–18, So 14–18 Uhr).*

Zum Übernachten empfiehlt sich
das Hotel-Restaurant *Le Grand Mo-
narque* aus dem 17. Jh. mit Holzinte-
rieur, das aus einigen ☀ Zimmern
den Blick auf die Loire bietet *(15 Zi.
| 33, quai Clemenceau | Tel. 03 86 70
21 73 | Fax 03 86 69 62 32 | www.le-
grand-monarque.fr | €€).*

**CHÂTEAU-CHINON** [115 E2]

Das *Château von Chinon* besteht nur
noch aus kümmerlichen Resten auf
dem 609 m hohen ☀ Kalvarien-
berg, wo nach Galliern und Römern
der mittelalterliche Adel die Aussicht
genoss. Gleichsam eine Etage tiefer
erstreckt sich *Chinon*, das bei nur
2300 Einwohnern für die Verhält-
nisse des Morvan schon als Nabel der
Welt gelten muss (64 km östl. von
Nevers). 1959–81 war François Mitterrand Bürgermeister des Fleckens.
Als Staatspräsident stiftete er dem
Ort einen Brunnen von Jean Tinguely
und Niki de St-Phalle (derzeit zur
Reparatur in der Schweiz). Staatsge-
schenke an ihn zeigt das *Musée du
Septennat (Juli/Aug. tgl. 10–13 und
14–19, Mai–Juni und Sept. Mi–Mo
10–13 und 14–18, Feb.–April und
Okt.–Dez. Mi–Mo 10–12 und 14–18
Uhr | 4 Euro).*

Wenn Sie von Château-Chinon zu
Wanderungen aufbrechen möchten,
gibt es nur eine Basisstation: das Hotel-Restaurant 🔊 *Au Vieux Morvan*,
wo Mitterrand stets das Zimmer Nr.
15 mietete *(24 Zi. | 8, place Gudin |
Tel. 03 86 85 05 01 | Fax 03 86 85
02 78 | www.auvieuxmorvan.com | €).*

**CHÂTILLON-EN-BAZOIS** [115 D–E2]

Die nahen Mäander lassen es kaum
vermuten, aber der Ort (1000 Ew.,
40 km östl. von Nevers) liegt tatsächlich nicht an einem Fluss, sondern

## >LOW BUDGET

> Führungen zur Rennstrecke *Magny-
Cours* mit der Touristeninfo Nevers:
für Erwachsene preiswert (7 Euro),
für Kinder unter 12 Jahren kostenlos.

> Gratis surfen können Sie im 🔊 *Tan-
dem Café (7, place Coquille)* in
*Nevers.*

> 12 km Weinberg und ausgiebige
Weinprobe – das gibt's Mitte November kostenlos ab Infobüro in *Pouilly-
sur-Loire.*

# NIÈVRE

am Kanal. Dieser von Auxerre nach Decize führende ⭐ *Canal du Nivernais* besitzt etwa 15 km weiter nördlich zwei Tunnel und 16 Schleusen und speist dort die *Étangs de Vaux et de Baye.* Die Seen bieten Wassersportmöglichkeiten von Segeln bis Kanu: *Base de Baye (Bazolles | Tel. 03 86 38 97 39).*

verbunden werden, um auf die Reise nach Paris zu gehen. Die pittoreske Altstadt und die gotische Kirche *St-Martin* zeugen von Wohlstand.

Aus Clamecy stammt der Romancier Romain Rolland (1866–1944), nach dem das ⭐ *Musée d'Art et d'Histoire* benannt ist. In diesem Palais aus dem 17. Jh. befindet sich

Den besten Blick auf La Charité-sur-Loire haben Sie vom Pont de Pierre aus

### CLAMECY [111 D5]

Sind die Weinbruderschaften eher konservative Gruppierungen, so steckte in der *Confrérie St-Nicolas,* der Bruderschaft der Flößer, rebellisches Potenzial. In ihrer Heimat Clamecy (4800 Ew., 69 km nordöstl. von Nevers) münden Beuvron und Sauzay in die Yonne, die dadurch schiffbar wird. Baumstämme aus dem Morvan konnten hier zu Flößen

eine Gemäldesammlung, interessanter aber sind die Ausstellungen zu Rolland und zur Geschichte der Flößerei *(Juni–Sept. Mo, Mi–Sa 10–12, 14–18, So 14–18, Okt.–Dez. und Feb.–Mai Mi–Sa 10–12, 14–18, So 14–18 Uhr | 3 Euro).*

### DECIZE [115 D3]

Mit ihren sandigen Ufern bereitet die Loire sogar ein wenig Badefreuden.

Mitten im Wasser steht auf einer Insel die Altstadt von Decize (6500 Ew., 34 km südöstl. von Nevers), die sich um die romanische Kirche *St-Aré* mit einer der wenigen merowingischen Krypten Frankreichs drängt. Vom Sporthafen können Sie Bootsfahrten auf der Loire, dem *Canal Lateral à la Loire* und dem *Canal du Nivernais* unternehmen *(Crown Blue Line Tel. 03 86 25 46 64).* Preiswerter sind einstündige Ausflüge mit der *gabarre*, einem Flussschiff, das von der *Place du Champ de Foire* ablegt *(Mai bis Sept. Di, Do, Sa, So 14.30, 15.30 und 16.30, in der Hochsaison auch 17.30 Uhr | 8 Euro).*

**Insider Tipp**

## LAC DE PANNECIÈRE-CHAUMARD            [115 E1–2]

Die Seen des Morvan scheinen die natürlichste Sache der Welt, wurden aber von Menschenhand geschaffen, um die Flüsse zu regulieren und den Flößern die Arbeit zu erleichtern. Inzwischen haben sich die Stauseen zu Anziehungspunkten für Angler und Wassersportler entwickelt. Obwohl der *Lac de Pannecière* mit 5,2 km² der größte dieser Seen ist, erreicht er nicht die höchsten Besucherzahlen. Schönster Aussichtspunkt ist die Staumauer im Norden, wo sich auch ein Segelzentrum befindet. Ihre Übernachtung sollten Sie in *Chaumard* am Ostufer buchen. Beste Adresse ist die blumengeschmückte *Vieille Auberge* mit Restaurant *(außerhalb der Saison Mi geschl. | 9 Zi. | Tel. 03 86 78 03 22 | www. vieille-auberge.fr | €).*

**Insider Tipp**

## LAC DES SETTONS            [115 F1]

Der beliebteste der sechs Stauseen im Morvan ist der 3,6 km² große Lac des Settons. Sportzentren auf der Halbinsel *Branlasses* und in *Montsauche-les-Settons* halten Angebote von Surfen über Segeln und Kanufahren bis Wasserski bereit *(www. montsauche-les-settons.org).* Über weitere Aktivitäten, darunter Fischen, Reiten oder Wandern, informiert Sie die *Maison du Parc Régional du Morvan* in *St-Brisson* (14 km nordöstl. von Montsauche).

## > EINMAL KAPITÄN SEIN
### Im Hausboot entspannt durch Burgund fahren

So etwas wie aktiver Müßiggang ist eine Hausboottour durch Burgund, wo allein acht Kanäle auf Entdeckung warten. Mit maximal 4 km/h geht es geruhsam voran, doch werden die Schleusen – immerhin 110 auf dem *Canal du Nivernais* – Sie allemal auf Trab halten. Von den Anlegestellen aus können Sie außerdem zu Exkursionen mit dem Rad oder zu Fuß aufbrechen. Ein Motorbootführerschein wird nicht benötigt. Größe des Bootes und Jahreszeit bestimmen die Mietpreise pro Woche (600–4000 Euro, Hauptsaison frühzeitig buchen!). Verleiher u.a.: *France Passion Plaisance (Paray-le-Monial | Tel. 03 85 53 76 70 | www.fluvial)*; Locaboat Holidays *(Postfach 867 | 79008 Freiburg | Tel. 0761/ 207 37 37 | www.locaboat.com).* Umfassende Informationen zum *Canal de Bourgogne* finden Sie unter *www. le-canal-de-bourgogne.fr.*

Der aufgestaute Lac des Settons ist ein beliebtes Ausflugsziel mit großem Wassersportangebot

Ein Zimmer mit Seeblick können Sie im traditionsreichen Hotel *Rendezvous des Pêcheurs* am Westufer in Chévigny beziehen *(5 Zi. | Tel. 03 86 84 53 26 | Fax 03 86 84 52 90 | www. hotel-settons.com | €).*

## MAGNY-COURS ★ 🔊     [114 C3]

Aus der Karting-Piste von 1959 ist eine Rennstrecke hervorgegangen, auf der seit 1991 der *Grand Prix de France* in der Formel 1 ausgetragen wird (15 km südlich von Nevers, *www.magnyfl.com*). In mehreren eintägigen Kursen können Sie sich dort zum Rennfahrer ausbilden lassen, allerdings zu stolzen Preisen ab etwa 500 Euro pro Tag. Infos unter *www.lsp-f3.com*

## POUILLY-SUR-LOIRE ★     [110 B6]

Zwei renommierte Weißweine Burgunds tragen den Namen *Pouilly* und werden oft miteinander verwechselt. Aber: Der *Pouilly-Fuissé* wird aus der Chardonnay-Traube gekeltert und stammt aus der Region Mâcon, der *Pouilly-Fumé* hingegen ist ein Sauvignon blanc aus dem Nivernais. Den würzigen, grünlich schimmernden Wein können Sie in *Pouilly-sur-Loire* (1700 Ew., 35 km nordwestl. von Nevers), dem Zentrum des Anbaugebiete, bei mehreren Anbietern verkosten. Eine Brücke im Ort quert eine markante Stelle der Loire: 496 km sind es zur Quelle wie zur Mündung. Am *Quai Pabiot* lernen Sie im *Pavillon du Milieu-de-Loire* den Fluss und sein Leben bei teils interaktiven Präsentationen kennen *(Juli/Aug. tgl. 10–19, April–Juni, Sept./Okt. tgl. 10 bis 12.30 und 14–18, Nov./Dez., Feb./März tgl. 14–18 Uhr | 4,50 Euro | www.pavillon-pouilly.com).*

Nicht weit von der Loire-Brücke bietet Ihnen die Terrasse des Gourmetrestaurants *Le Coq Hardi* Gelegenheit, am Flussufer burgundische Spezialitäten zum Wein der Region zu genießen *(42, av. de la Tuilerie | Tel. 03 86 39 12 99 | €€).*

# > HOCHBURG DER ROMANIK

Zwischen der Römerstadt Autun und der Weinmetropole Mâcon
locken Pilgerorte, Dorfkirchen und eine friedliche Landschaft

> **Saône und Loire** verleihen dem Süden
von Burgund seinen unverwechselbaren
Charakter, der von Sonne, Wein und Wasser geprägt ist. Die Flüsse dienten schon
in der Antike als Handelswege, an ihren
Ufern entstanden mit Chalon, Tournus und
Mâcon drei bedeutende Binnenhäfen.

Die meisten Urlauber wählen die alte
Römersiedlung Autun als letzte Station und machen vor dem Industriegürtel von Le Creusot kehrt, doch
jenseits davon wartet eine verträumte
Oase der Ruhe in hügeliger Landschaft mit den romanischen Kirchen
rings um Cluny.

## AUTUN

**KARTE IN DER HINTEREN
UMSCHLAGKLAPPE**

[116 A2] Nehmen Sie sich bei der Anreise
über die Schnellstraße einen Moment Zeit,
um vom Fluss Arroux aus die Silhouette
der Stadt (16 500 Ew.) zu betrachten. Man

Bild: Felsen von Solutré

# SAÔNE-ET-LOIRE

glaubt es kaum, aber von der Kathedrale, die ihre Türme über die Häuser reckt, wird von den tieferen Gassen des Orts aus nichts mehr zu sehen sein. An ihrer Stelle soll früher ein Druidenheiligtum gestanden haben. Zu seinen Füßen gründete Cäsars Erbe Augustus nach den letzten Gefechten des Gallischen Kriegs eine neue Siedlung. Dieses *Augustodunum* wurde die Metropole der Eroberer in Burgund. Von der Pracht künden nur

Reste zweier Tore, eines Tempels und eines Amphitheaters. Aber die Vorbilder der römischen Kunst nahmen Einfluss auf die romanische Kathedrale St-Lazare.

## ■ SEHENSWERTES ■

### CATHÉDRALE ST-LAZARE

Auf dem höchsten Punkt Autuns weitet sich die Altstadt zum Vorplatz der Kathedrale, und doch drängen sich die Häuser zumindest an der

Westseite dicht an die Kirche. So müssen Sie sich in eine schmale Gasse zwängen, um Autuns bedeutendstes Kunstwerk zu sehen, das ⭐ *Tympanon der Cathédrale St-Lazare* über dem alten Hauptportal. Als einer der wenigen namentlich bekannten Künstler seiner Zeit verewigte sich der Bildhauer über dem Sündern auf. Die Abstraktion der gestreckten Körper missfiel den Menschen im 18. Jh.: Sie legten eine dicke Gipsschicht über die Skulpturen und bewahrten sie damit unfreiwillig vor dem Bildersturm der Revolution.

Die Kathedrale (1120–45) wurde mehrfach umgebaut. So erhielt der

Cathédrale St-Lazar: Erzengel Michael wiegt die Seelen – geht's in den Himmel oder zur Hölle?

Türsturz mit einer Inschrift: „Gislebertus hoc fecit" (dies hat Gislebertus gemacht). Was Meister Gislebertus vor 900 Jahren schuf, ist eine Interpretation des Jüngsten Gerichts, bei dem die Seelenwaage entscheidet, wer zur Hölle fährt und wer ins Paradies aufsteigt. Gemäß der mittelalterlichen Bedeutungsperspektive ragt der 3 m hohe Christus riesengroß neben den entsetzt dreinblickenden Chor Maßwerkfenster, die mehr Licht einfallen lassen. Die Gebeine des hl. Lazarus, die angeblich 1079 nach Autun gelangten und die Stadt zum Pilgerziel für Leprakranke machten, ruhen heute in einem Glasschrein am Hochaltar.

Wichtigste Werke in der Kathedrale bleiben nach all den Veränderungen die Figurenkapitelle. Als man die Vierung im 19. Jh. umbaute, wurden die dortigen Kapitelle durch Repliken ersetzt. Die Originale können Sie ausnahmsweise auf Augenhöhe rechts vom Hochaltar im Kapitelsaal betrachten. *Place St-Louis*

### MUSÉE ROLIN

Gegenüber der Kathedrale ließ Kanzler Nicolas Rolin, Stifter des berühmten Hôtel-Dieu in Beaune, ein Palais errichten. Darin finden Sie archäologische Funde aus der Region, eine Sammlung französischer und flämischer Gemälde sowie Fragmente vom Grabmal des Lazarus aus Autuns Kathedrale. Beachtenswert ist vor allem die *Versuchung Evas*, ein Rest des romanischen Nordostportals von St-Lazare. Meister Gislebertus schuf eine liegende Eva, die ursprünglich den Türsturz der Kathedrale zierte. *April–Sept. Mi–Mo 9.30 bis 12, 13.30–18, Okt.–März Mi–Mo 10–12, 14.30–17 Uhr | 3,40 Euro | 5, rue des Bancs*

### RÖMISCHE STADTTORE

Das römische *Augustodunum* war größer als das heutige Autun. Von den vier Toren in der 6 km langen Stadtmauer haben sich die *Porte d'Arroux (rue du Faubourg)* und die *Porte St-André (rue de la Croix Blanche)* erhalten. Beide bestehen aus zwei Durchfahrten für Wagen, zwei Portalen für Fußgänger und flankierenden Türmen. Da die besser konservierte *Porte St-André* im Mittelalter als Wachturm und Kapelle diente, finden sich dort Reste von Fresken.

### TEMPLE DE JANUS

Am Nordrand der Stadt steht am Arroux-Ufer ein 24 m hohes Relikt der Römerzeit, das als Janustempel bekannt ist. Zwar gibt es Hinweise auf eine Nutzung als Heiligtum, nicht aber darauf, welcher Gottheit der Turm aus dem 1. Jh. n. Chr. tatsächlich geweiht war.

# MARCO POLO HIGHLIGHTS

⭐ **Tympanon der Cathédrale St-Lazare**
Kunst wie von moderner Hand
(Seite 70)

⭐ **Musée de la Civilisation Celtique**
Am Mont Beuvray erfahren Sie interaktiv alles über das Leben der Kelten (Seite 74)

⭐ **Fresken der Chapelle des Moines**
Seltene Fresken der Romanik in Berzé-la-Ville (Seite 77)

⭐ **Cluny**
Reste von einem mittelalterlichen Wunder des Abendlands (Seite 77)

⭐ **Solutré**
Grandioser Felsen als prähistorische Falle (Seite 79)

⭐ **Basilique du Sacré-Cœur**
Im Wallfahrtsort Paray-le-Monial steht die Miniaturausgabe der Abteikirche von Cluny (Seite 80)

⭐ **St-Philibert**
Geniale Baukunst der Romanik in Tournus (Seite 83)

⭐ **Château de Cormatin**
Das Schloss, in dem Caruso schlief (Seite 85)

### THÉÂTRE ROMAIN

Neben dem einst größten Amphitheater Galliens regiert heute der Provinzsport auf einem Fußballfeld. Die Römer hatten Ränge für rund 15 000 Zuschauer in den Hang geschlagen. An Sommerwochenenden können Sie im Theater die Römerzeit bei einer Ton-/Lichtschau nacherleben.

## ESSEN & TRINKEN

### LE CHALET BLEU

Wo heute auf der riesigen Place du Champs de Mars die Autos parken, drängten sich einst beim großen Viehmarkt im September die Charolais-Rinder. In einer Seitenstraße hält der Familienbetrieb *Chalet Bleu* die Tradition mit hervorragenden Rindfleischgerichten aufrecht. *Mo abends und Di geschl.* | *3, rue Jeannin* | *Tel. 03 85 86 27 30* | *www.lechaletbleu. com* | €€

### LE CHAPITRE ▶▶

Bei der Kathedrale finden Sie gleich mehrere Restaurants. Das meiste Flair und das beste Essen hat das Chapitre in einem alten Haus mit moderner Einrichtung. *So/Mo geschl.* | *11, place du Terreau* | *Tel. 03 85 52 04 01* | €€

## ÜBERNACHTEN

### HÔTEL DES URSULINES

Nehmen Sie getrost die Zimmer zum Garten, mehr Ruhe kann man sich nicht wünschen. Der ehemalige Konvent (17. Jh.) ist heute ein Luxushotel mit Garage und Gourmetrestaurant. *43 Zi.* | *14, rue Rivault* | *Tel. 03 85 86 58 58* | *Fax 03 85 86 23 07* | *www. hotelursulines.fr* | €€€

### MAISON STE-BARBE

Das äußerlich angestaubte Haus aus dem 18. Jh. gegenüber der Kathedrale überrascht mit einem Garten und sehr großen Zimmern mit Parkett, alten Möbeln und moderner Kunst. *3 Zi.* | *7, place Ste-Barbe* | *Tel. 03 85 86 24 77* | *Fax 03 85 86 19 08* | €

## FREIZEIT & SPORT

Am Stadtrand lockt der künstliche See ▶▶ *Plan d'Eau du Vallon* mit sportlichen Aktivitäten: Segeln, Tennis und Golf auf einer kommunalen 9-Loch-Anlage.

## AM ABEND

Bei den *Visites Spectacles Nocturnes* ziehen Schauspieler und Musiker von der Kathedrale aus durch die Gassen, um Sie mit theatralischen Mitteln in vergangene Zeiten zu entführen. *Im Juli/August ab 22 Uhr* | *Tickets beim Office de Tourisme* | *8,20 Euro*

## AUSKUNFT

### OFFICE DE TOURISME

*2, av. Charles-de-Gaulle* | *Tel. 03 85 86 80 38* | *Fax 03 85 86 80 49* | *www. autun-tourisme.com*

## ZIELE IN DER UMGEBUNG

### LA BOULAYE [115 F3]

Europas größten buddhistischen Tempel finden Sie 33 km südwestlich von Autun mitten im ehemaligen Industriegürtel. Mit Mitteln der Regierung gefördert, soll dieser lamaistische *Dashang Kagyu Ling* (Tempel der 1000 Buddhas) die Attraktivität der Region steigern. Ursprünglich wurde er vom Staat Bhutan für die Expo 2000 gebaut. *Juli/Aug. tgl.*

*10–12, 14.30–19, übrige Jahreszeit Mo–Fr 14.30–17, Sa/So 14.30—18 Uhr | Eintritt frei | Château de Plaige | www.mille-bouddhas.com*

### CHÂTEAU DE SULLY    [116 A2]

Nachts verlassen die Mönche ihre Gräber und gehen auf die Jagd. Von solch seltsamem Treiben berichtete man einst in Sully, das 15 km nordöstlich von Autun liegt. Im 16. Jh. als Wasserschloss an der Stelle einer mittelalterlichen Burg errichtet, wird es Sie mit den vier Flügeln um einen Innenhof an Schloss Ancy-le-Franc erinnern. *April–Okt. tgl. 10–18, im Sommer bis 19 Uhr | 7,30 Euro bzw. 3,50 Euro (nur Park und Garten) | www.chateaudesully.com*

### LE CREUSOT    [116 A3]

Sie kamen aus Lothringen und wussten, was zu tun war: Die Brüder Schneider machten Dampf in Le Creusot (26 000 Ew., 30 km südl. von Autun), nutzten die schon lange auf Sparflamme betriebenen Eisen- und Kohleminen der Region und stampften ab 1836 ein Stahlimperium aus dem Boden. Im Verbund mit den Nachbargemeinden *Montchanin* und *Montceau-les-Mines* war man stark, sogar gegen die Konkurrenz aus dem Ruhrgebiet. In „Schneiderville" – dies der von Paris abgelehnte Ersatzname der Stadt – wurde Frankreichs erste Lokomotive gebaut. Aber die große Zeit ist vorbei, die letzten Schneiders vermachten das Familienvermögen in den 1960er-Jahren der Stadt, die sich später mit dem ▶▶ *Espace Mitterrand* ein hypermodernes Geschäfts- und Verwaltungszentrum leistete.

Die Gegend um Le Creusot ist reich an Industriedenkmälern, die teils noch der Wiederentdeckung harren. Um die Aufbereitung kümmert sich ein *Écomusée* mit mehreren Außenstellen. Sein musealer Hauptsitz liegt in Le Creusot, heißt *Château de la Verrerie* und ist eine Glasfabrik von 1787, die den Schneiders als Residenz diente. *April–Sept. Mo–Fr*

Um das Wasserschloss Château de Sully ranken sich zahlreiche Legenden

# MÂCON

*10–12, 13–18, Sa/So 15–18, Okt. bis März Mo–Fr 10–12, 14–18, Sa/So 14–18 Uhr | 6 Euro | www.ecomusee-creusot-montceau.fr*

### CROIX DE LA LIBÉRATION ☀ [116 A3]
Das an die Befreiung von 1945 erinnernde Kreuz steht 6 km südlich von Autun auf einem Hügel, der Ihnen einen prächtigen Blick über die Stadt bietet.

### MONT BEUVRAY [115 F3]
Viel Wasser, Wald und Erz – mit solchem Reichtum wurde der 821 m hohe Berg zu einem antiken Zentrum der Schmiedekunst (29 km südwestl. von Autun). Hoch auf dem Gipfel hatten die gallischen Häduer ab 150 v. Chr. ihr *Oppidum Bibracte* errichtet. Es war Schauplatz einer Versammlung, bei der gallische Volksvertreter Vercingetorix zu ihrem Führer gegen Cäsar wählten. Nach Roms Sieg wuchs Gras über die Siedlung. Erst im späten 19. Jh. erfolgten Ausgrabungen, die ab 1985 fortgesetzt

wurden. Das Grabungsfeld liefert Ihnen, sofern Sie Laie sind, keine spektakulären Einblicke.

Umso mehr wird Sie das ★ *Musée de la Civilisation Celtique* begeistern, das mit archäologischen Funden und modernen, teils interaktiven Ausstellungskonzepten die Ära der Kelten auferstehen lässt. *Mitte März–Mitte Nov. tgl. 10–18, Juli/Aug. bis 19 Uhr | 5,75 Euro | www.bibracte.fr*

### SIGNAL D'UCHON ☀ [116 A3] Insi Tip
Ein „Karneval" erwartet Sie rund 22 km südlich von Autun an diesem 681 m hohen Berg: Schwere Granitblöcke erhielten dort durch Risse und Verwitterung bizarre Formen, die zu Phantasienamen wie eben dem Karneval, aber auch zur Legendenbildung anregten. Vor allem bei schönem Wetter begeistert zudem die Aussicht.

# MÂCON

[116 B5-6] Wenn Sie auf der N 6 der Sonne entgegenfahren, stellt sich erstmals in Mâcon (34 500 Ew.) der Eindruck ein, den Süden erreicht zu haben. Denn die stattlichen Häuser entlang der Saône haben mit ihren Pastellanstrichen, den hohen Fenstern und bunten Holzläden alle Traditionen Burgunds aufgegeben, um schon auf die Provence vorzubereiten. Von der Brücke ☀ *St-Laurent* (14. Jh.) haben Sie das hübsche Panorama im Überblick.

Diese Stadt vor Ihnen, in der schon Gallier Handel trieben, wurde leider so oft verwüstet, dass ihre große Vergangenheit nur we-

Am Fuß des Mont Beuvray auf den Spuren der Kelten: Musée de la Civilisation Celtique

nige Denkmäler hinterlassen hat. Selbst von der alten Kathedrale *St-Vincent* steht nur noch ein Rest, während der Bischof jetzt in einem neuen Haus den Segen spricht. Mancher fromme Wunsch gilt den bekannten roten und weißen Weinen. Sie reifen in den Gemeinden ringsum, während die Stadt selbst den Handel organisiert.

## ■ SEHENSWERTES ■

### HÔTEL-DIEU

Eine umfangreiche Sammlung von Apothekergefäßen besitzt die *Apothicairerie* aus dem Jahr 1775. *Juni bis Sept. Di–So 14–18 Uhr, in der Nebensaison Anmeldung unter Tel. 03 85 39 90 38 | 2,50 Euro | rue du 11 Novembre 1918*

### Insider Tipp · LA MAISON DU BOIS

Relikt des frühen Mâcon ist dieses mit herrlichem Schnitzwerk verzierte

Fachwerkhaus aus dem 15./16. Jh. an der *Place aux Herbes.* Die Brasserie im Erdgeschoss hat leider wenig Rücksicht auf Denkmalschutz genommen.

### MUSÉE LAMARTINE

Im übrigen Frankreich kaum mehr gelesen, erhalten die Bücher von Alphonse de Lamartine (1790–1869) in seinem Geburtsort weiterhin einen Ehrenplatz. Im *Hôtel Senecé* (18. Jh.), Sitz der *Académie de Mâcon,* deren Präsident Lamartine war, finden Sie im historisch adäquaten Rahmen eine Ausstellung zum Leben des Romantikers und Politikers. *Di–Sa 10–12, 14–18, So 14–18 Uhr | Eintritt frei | 41, rue Sigorgne*

### MUSÉE DES URSULINES

Ziemlich bunt gewürfelt ist die städtische Sammlung im ehemaligen Ursulinenkloster (17. Jh.): Heimatkunde, Ethnologie, Malerei bis hin zur klassischen Moderne, Geschichte der Luftfahrt und Keramik. Am bedeutendsten aber sind die prähistorischen Funde von Solutré. *Di–Sa 10 bis 12, 14–18, So 14–18 Uhr | 2,50 Euro | 5, rue des Ursulines*

### VIEUX ST-VINCENT
Seit dem Sturm der Französischen Revolution steht von der „Alten Ka-

eigens ein rustikales Restaurant, das Ihnen ausgezeichnete burgundische Spezialitäten zum Spottpreis anbietet. *Tgl. | 484, quai de Lattre de Tassigny | Tel. 03 85 22 91 11 | www. maison-des-vins.com | €*

### LE POISSON D'OR
Abseits des Verkehrs nach Lyon servieren Ihnen Pascal Calloud kulinarischen Hochgenuss unter Baum-

Berühmte Fresken in Berzé-la-Ville zeigen den fast 4 m großen Christus umgeben von Aposteln

thedrale" nur noch die romanische Vorhalle. *Juni–Sept. Di–Sa 10–12, 14–18, So 14–18 Uhr | Eintritt frei | 20, rue des Ursulines*

kronen beim Yachthafen. *So und Di abends sowie Mi geschl. | allée du Parc | Tel. 03 85 38 00 88 | www.le poissondor.com | €€€*

### ▀ ESSEN & TRINKEN ▀▀▀▀

**Insider Tipp**

**MAISON MÂCONNAISE DES VINS**
Das Haus promotet die Produkte der regionalen Winzer und leistet sich

### ▀ ÜBERNACHTEN ▀▀▀▀

### HOTEL DE BOURGOGNE ⁀
Für die Standardeinrichtung der Zimmer entschädigen die ruhige Lage

❯ www.marcopolo.de/burgund

# SAÔNE-ET-LOIRE

des Altstadthauses und ein recht gutes Restaurant. *50 Zi. | 6, rue Victor-Hugo | Tel. 03 85 21 10 23 | Fax 03 85 38 65 92 | www.hoteldebourgogne.com | €€*

## HOTEL D'EUROPE ET D'ANGLETERRE
Das charaktervolle Haus aus dem 18. Jh. am Saône-Ufer hat berühmte Gäste empfangen, leidet inzwischen aber unter dem Autoverkehr. Buchen Sie ein rückwärtiges Zimmer. *29 Zi. | 92–109, quai Jean-Jaurès | Tel. 03 85 38 27 94 | Fax 03 85 39 22 54 | www.hotel-europeangleterre-macon.com |*

## ■ FREIZEIT & SPORT
Hubschrauberflüge über dem Felsen von Solutré oder der Landschaft um Cluny bleiben unvergessen, veranstaltet z. B. von *Héli Travaux* (*Aérodrome de Mâcon | Charnay | 30–120 Euro | Tel. 03 85 20 10 21 | www.helitravaux.com).*

Insider Tipp

## ■ AUSKUNFT
**OFFICE DE TOURISME**
*1, place St-Pierre | Tel. 03 85 21 07 07 | Fax 03 85 40 96 00 | www.macon-tourism.com*

## ■ ZIELE IN DER UMGEBUNG
**BERZÉ-LE-CHÂTEL** [116 B5]
Der Reichtum des Klosters Cluny weckte Begehrlichkeit. Deshalb standen Burgen wie diese an den Hauptwegen, hier 18 km nordwestlich von Mâcon. Von der ☀ Terrasse der turmreichen Festung (13.–15. Jh.) genießen Sie eine schöne Aussicht. *Führungen Juli/Aug. tgl. 10–18, Juni und Sept. Fr–Mi 14–18 Uhr | 6,50 Euro*

**BERZÉ-LA-VILLE** [116 B5]
Für die Novizen von Cluny existierte 15 km nordwestlich von Mâcon ein Landhaus, *Château des Moines* genannt. Der später heiliggesprochene Abt Hugo nutzte es als Alterssitz. 1887 entdeckte ein Geistlicher, dass sich im Chor unter einem Anstrich Wandmalereien verbargen. Diese ★ *Fresken der Chapelle des Moines* zählen zu den bedeutendsten romanischen Malereien Frankreichs. *Mai bis Sept. tgl. 9–12, 14–18, April und Okt. 10–12 und 14–17.30 Uhr | 3 Euro*

**CLUNY** ★ [116 B5]
Zwei Jahrhunderte dauerte es seit der Gründung um 910, bis aus einer unscheinbaren Kapelle die größte Kirche außerhalb Roms entstanden war: 187 m lang, fünf Schiffe im Langhaus, zwei Querhäuser und ein Wald von Türmen. Von dieser Zentrale aus organisierten die Benediktiner das Klosterwesen entlang der Pilgerstraßen und gründeten Filialen in ganz Europa. Nur wenige Jahre brauchte ein Bauherr, um nach der Französischen Revolution die architektonische Pracht niederzureißen und Stein für Stein zu verkaufen.

Der heutige Ort *Cluny* (25 km nordwestl. von Mâcon, 4400 Ew.) ist größtenteils aus diesem Material errichtet. In seinem Zentrum erhebt sich noch der *Clocher de l'Eau Bénite*, eindrucksvoll genug, aber letztlich nur ein kümmerlicher Rest des einstigen Wunders.

Teile des Klosters, darunter der barocke *Kreuzgang,* haben sich ebenfalls erhalten, nachdem die Abrisswut 1823 beendet wurde. Im alten

*Kornspeicher* (13. Jh.) sind Kapitelle verwahrt, die nicht in die Hände der Vandalen fielen. Weitere Überbleibsel und einen immer noch stattlichen Teil der Bibliothek zeigt das *Musée d'Art et d'Archéologie* im früheren *Palais des Abts Jean de Bourbon.* Gesamtkomplex: *Mai–Aug. tgl. 9.30–18.30, Sept.–April tgl. 9.30–12, 13.30–17 Uhr | 6,50 Euro | http://cluny.monuments-nationaux.fr*

Von der großen Benediktinerabtei in Cluny stehen heute nur noch bescheidene Reste

Die Residenz der späteren Äbte Jacques und Geoffroy d'Amboise dient heute als Rathaus. Bei den Kirchen *Notre-Dame* und *St-Marcel* sollten Sie den romanischen Turm besteigen, um einen Blick auf Cluny zu werfen.

Wenn Sie anschließend in der Stadt stilvoll übernachten möchten, folgen Sie einfach dem Vorbild des Schriftstellers Lamartine: *Hôtel de Bourgogne (16 Zi. | place de l'Abbaye | Tel. 03 85 59 00 58 | Fax 03 85 59 03 73 | www.hotel-cluny.com | €€€).* Gerichte wie zu Großmutters Zeiten serviert in dritter Generation die heimelige *Auberge du Cheval Blanc (Fr abends und Sa geschl. | 1, rue Porte de Mâcon | Tel. 03 85 59 01 13 | €).* Insider Tipp

**PIERRECLOS** **[116 B5]**

Für den schreibenden Lokalmatador Alphonse de Lamartine war das *Château de Pierreclos* aus dem 12. bis 18. Jh. mit seinen Terrassengärten ein Paradies. Das werden Sie bei dieser Lage inmitten von Weinfeldern über dem Grosne-Tal, 17 km nordwestlich von Mâcon gelegen, gut nachvollziehen können. Was die Reben hervorbringen, können Sie im musealen Weinkeller probieren *(tgl. 9–18 Uhr, im Winter Sa/So geschl. | 7,20 Euro | www.chateaudepierreclos.com).*

**ST-POINT** **[116 B5]**

Weil er so sehr in das *Château Pierreclos* verliebt war, sollte er ein eigenes Schloss erhalten: 1802 schenkte Vater Lamartine seinem Sohn das Anwesen am Nordrand von St-Point zur Hochzeit (29 km nordwestl. von Mâcon). Doch der Schriftsteller übernahm sich finanziell, als er das Gebäude in einen Traum der Romantik verwandeln wollte. Lamartine ist samt Familie in der Kapelle neben der romanischen Dorfkirche beigesetzt. *April–Okt. Sa/So, im Sommer tgl. Führungen um 10, 11, 14, 15, 16, 17 und 18 Uhr | 7 Euro | www.chateaulamartine.com*

### SOLUTRÉ ★ ☘ [116 B5]

Für Geologen ist er eine Verwerfung, für andere einfach nur grandios: der 495 m hohe Felsen von Solutré (7 km westl. von Mâcon). Bei Ausgrabungen wurden gut 100 000 Knochen von Tieren entdeckt. Die Legende erzählt, dass frühe Jäger die Tiere über die Klippen getrieben haben. Einige Funde zeigt Ihnen das *Musée Départemental de Préhistoire (April–Sept. tgl. 10–18, Okt./Nov. und Jan.–März tgl. 10–12 und 14–17 Uhr | 3,50 Euro)*.

Ein Restaurant beim Felsen war Stammlokal der Familie Mitterrand, deren Sohn François später jährlich zu Pfingsten mit seinen Résistance-Kameraden auf den Felsen zog (Fußweg: 45 Min. hin und zurück).

# PARAY-LE-MONIAL

[115 E5] Ungewöhnlich viel Besuch erhalten die kaum mehr als 9000 Einwohner von Paray-le-Monial: 100 000 im Jahr sind keine Seltenheit, die meisten kommen um Fronleichnam und gegen Mitte Oktober. Dabei spielt die Basilika *Sacré-Cœur* trotz ihrer schönen Lage am Fluss Bourbince nur eine Nebenrolle. Es sind eher Pilger als Touristen, die in den tiefen Süden Burgunds reisen. Sie folgen den Spuren von Marguerite-Marie Alacoque (1647–90), die als Nonne im Ort lebte und dort Visionen hatte. So soll sie den Auftrag erhalten haben, das Herz-Jesu-Fest (acht Tage nach Fronleichnam) zu fördern. Erst 200 Jahre später wurde daraus eine gewaltige Pilgerbewegung.

Wenn nach dem Todestag von Marguerite-Marie (17. Okt.) die Wallfahrten ausklingen, ist Paray-le-Monial wieder ein verschlafenes Provinznest mit einer bedeutenden romanischen Kirche und der Gelegenheit, in aller Stille eine Bootsfahrt auf der Bourbince zu unternehmen.

## > TAIZÉ

### *Ein Orden lockt die Jugend nach Burgund*

Aus aller Welt strömen Jugendliche zu Tausenden nach Taizé [116 B5], das der Schweizer Roger Schutz 1940 als Sitz einer autarken ökumenischen Brüdergemeinde gegründet hat. Seit den 1960er-Jahren konzentriert sich der Orden auf die Jugendarbeit und kämpft für Vertrauen auf der Erde. Sympathieträger der Bewegung sind die Gesänge von Taizé, die auf dem Musikmarkt guten Absatz finden. Vor Ort stehen für die jungen Pilger rings um die Kirche zahlreiche Bungalows bereit. In Boutiquen werden u.a. die Erzeugnisse der klostereigenen Handwerksbetriebe verkauft. *www.taize.fr*

# PARAY-LE-MONIAL

## SEHENSWERTES

### BASILIQUE DU SACRÉ-CŒUR ⭐

Im Wasser der Bourbince spiegelt sich die Fassade der Basilika, die erst spät dem Herz Jesu gewidmet wurde. Ursprünglich war sie eine Abteikirche der Benediktiner, ab 1090 nach dem Vorbild Clunys errichtet. Da das Mutterkloster zerstört ist, können Sie hier zumindest so etwas wie eine Miniaturausgabe des alten Weltwunders betrachten. Figürlicher Schmuck kommt allerdings weit weniger zum Einsatz. Die Kirche besitzt nicht einmal über dem Portal ein Tympanon mit Skulpturen, weist aber ausgewogene und immer wieder auf die Zahl Drei bezogene Proportionen auf. *Place Alsace-Lorraine*

### CHAPELLE DE LA VISITATION

In dieser Kapelle soll Jesus der 1920 heilig gesprochenen Marguerite-Marie erschienen sein. In einem vergoldeten Schrein ruhen ihre Gebeine. *Rue de la Visitation*

### MUSÉE EUCHARISTIQUE DU HIÉRON

Frankreichs ältestes Museum zur sakralen Kunst wurde im späten 19. Jh. eigens für diesen Zweck gebaut. Sein Schwerpunkt ist das Bild Jesu im Wandel der Jahrhunderte. *Mitte März–Dez. Di–So 10–12, 14 bis 18 Uhr | 4 Euro | 13, rue de la Paix |* www.musee-hieron.fr

### MUSÉE PAUL CHARNOZ

Kacheln und Fayencen bilden ein wirtschaftliches Standbein der Stadt. *Charnoz,* 1877 in Paray gegründet, unterhält neben seiner Fabrik ein Museum zur Firmengeschichte. Falls das langweilig klingt: Die Kachel-mosaiken, die für die berühmte Pariser Weltausstellung von 1889/1900 gefertigt wurden, dürften Sie begeistern. *Juli/Aug. tgl. 14.30–18.30 Uhr; sonst nur für Gruppen | 2,50 Euro | 32, av. de la Gare |* www.musee-carrelage-charnoz.org

### PARC DES CHAPELAINS

Das 18-teilige *Diorama* im Park gleich neben der Basilika setzt mit Ton und Licht das Leben der Marguerite-Marie in Szene. *Info am Parkeingang*

## ESSEN & TRINKEN

### TROIS PIGEONS

Wie die anderen besseren Restaurants des Städtchens, so gehört auch dieses zu einem Hotel. Hier erhalten Sie gehobene Qualität zum günstigen Preis. *Tgl. | 2, rue Dargaud | Tel. 03 85 81 03 77 |* http://h-3-p.com *| €€*

## ÜBERNACHTEN

### GRAND HOTEL DE LA BASILIQUE 🔊

Familienhotel seit 1904: Das schöne alte Haus mit Restaurant liegt gleich neben der Basilika. Zentraler geht's nicht, preiswerter wohl auch kaum. *56 Zi. | 18, rue de la Visitation | Tel. 03 85 81 11 13 | Fax 03 85 88 83 70 |* www.hotelbasilique.com *| €*

## AUSKUNFT

### OFFICE DE TOURISME

*25, av. Jean-Paul II | Tel. 03 85 81 10 92 | Fax 03 85 81 36 61 | www. paraylemonial.fr*

## ZIELE IN DER UMGEBUNG

### ANZY-LE-DUC                    [115 F5]

Für das Jahr 1000 n. Chr. hatten mittelalterliche Schwarzmaler den Weltuntergang prophezeit. Nachdem Silvester selig überstanden war, errichteten die Menschen zum Dank viele neue Kirchen, so auch die von Anzy-le-Duc (20 km südl. von Paray-le-Monial). Das Bauwerk war richtungsweisend: Grund- und Aufriss beeinflussten Ste-Madeleine in Vézelay, der achteckige Turm fand bis Nordspanien Nachahmer. Nehmen

Schlammpackungen gegen Rheuma: Schon die Römer kurten in Bourbon-Lancy (5600 Ew., 41 km nordwestl. von Paray-le-Monial), doch erst die Belle Époque möbelte das Thermalbad so richtig auf. Kieselpflaster und reich verzierte Fachwerkhäuser finden Sie dagegen in der mittelalterlichen Oberstadt rings um die ☀ *Tour de l'Horloge* (Schlüssel zum

Fachwerkhäuser im Quartier de l'Horloge des Thermalstädtchens Bourbon-Lancy

Sie sich vor allem Zeit für den besonders frühen Figurenschmuck der Kapitelle. Auf der Terrasse der *Auberge du Prieuré* speisen Sie sehr gemütlich mit Blick auf die Kirche *(Tel. 03 85 25 01 79 | €€)*.

**BOURBON-LANCY** [115 E4]
Feinster Loire-Sand und heißes Quellwasser vereinigen sich zu

Uhrenturm im *Office de Tourisme*). Das *Stadtmuseum* mit archäologischer Sammlung hat Quartier in der romanischen Kirche *St-Nazaire* bezogen. Agrarmaschinen zeigt das *Musée de la Machine Agricole Puzenat* (beide Museen Juli/Aug. Mi–Mo 15–18 Uhr).

Unbändigen Charme versprüht das Hotel-Restaurant *Manoir de Sornat,* eine Villa aus dem 19. Jh. mit Park und Gourmetküche *(13 Zi. | route de Moulins | Tel. 03 85 89 17 39 | Fax 03 85 89 29 47 | www.chateauxhotels. com/sornat | €€)*.

Schlichte, aber beeindruckende Architektur: St-Philibert in Tournus

### CHAROLLES [115 F5]

Sie heißen Charolais-Rinder, ihre Heimat aber schreibt sich mit Doppel-l nach dem Zentrum der Region (14 km östl. von Paray-le-Monial, s. auch Kapitel „Stichworte"). Eine schrumpfende Zahl von Viehzüchtern beansprucht dort immer mehr Weideland. So ist die Einwohnerzahl des idyllisch zwischen Loire-Zuflüssen gelegenen Charolles auf

weniger als 3000 gesunken. *Schlossruine* und *Palais* (heute Rathaus) künden noch von einem Grafengeschlecht. Ihr Spross Charles le Téméraire verlieh einem ☀ Aussichtsturm im Rathausgarten seinen Namen.

### DIGOIN [115 E–F5]

Dass Wasser über Wasser fließen kann, erleben Sie 11 km westlich von Paray-le-Monial in Digoin (8900 Ew.). Mehrere Flüsse und Kanäle ergeben dort den reinsten gordischen Knoten, wobei der 234 m lange *Pont-Canal* die Fluten eines Kanals über die Loire führt. Nicht gerade malerisch ist der Hafen *Port de Plaisance,* doch bietet er Ihnen eine reiche Auswahl an Leihbooten.

### MONT-ST-VINCENT ☀ [116 A4]

Am Berggipfel auf 603 m Höhe liegen Ihnen gleich drei Departements zu Füßen. Gegen solche Aussicht kann die romanische *Kirche von St-Vincent* (43 km nordöstl. von Paray-le-Monial) nur verblassen.

### ST-CHRISTOPHE-EN-BRIONNAIS [115 F6]

Mitten im Kuhmist steht die rosa gestrichene Dorfkneipe *Le Mur d'Argent.* Dort oder in der *Bar du Midi* sitzen Sie in rustikaler Atmosphäre mit Viehzüchtern beim deftigen Rindfleischtopf *(boulli)*.

Der *mur* war flüssiges Silber, mit dem 500 Jahre lang auf dem Rindermarkt bezahlt wurde, bis 1970 der Franc und dann der Euro rollte. Ebenfalls als Zugeständnis an moderne Handelsgewohnheiten wechselte der Markttag auf den Mittwoch. Mit leichten Varianten hat das 22 km südlich von Paray-le-Monial gelegene Dorf (500 Ew.) seinen ==Viehmarkt== als einen der größten Frankreichs bewahrt.

### SEMUR-EN-BRIONNAIS [115 F6]

Das *Château St-Hugues* wachte im Mittelalter über das Bilderbuchdorf Semur (720 Ew., 25 km südl. von Paray-le-Monial) und seine romanische Kirche *St-Hilaire*. St-Hugues war kein Geringerer als der berühmte Abt Hugo von Cluny, der 1024 im Schloss geboren wurde. Aus seiner Zeit stammt der 22 m hohe Wehrturm, der älteste in Burgund *(März bis Mitte Nov. Mo–Sa 10–12, 14–18, So 14–18 Uhr | 2,50 Euro).*

# TOURNUS

**[116 C4] Licht und Schatten bilden scharfe Kontraste in Tournus (6200 Ew.): hier das strahlende Ufer der Saône mit dem eindrucksvollen Blick auf die Altstadt und die Abteikirche St-Philibert, dort die lange, dunkle Hauptgasse mit ihren Geschäften, die dem Lauf des Flusses folgt.**

Trotz der attraktiven Lage des Orts, der kunsthistorischen Bedeutung seiner Abtei und der landschaftlichen Verlockungen ringsum bleibt Tournus ein touristisches Mauerblümchen. Sollten tatsächlich einmal die Hotels ausgebucht sein, dann finden Sie westlich des Orts im hügeligen Anbaugebiet des Mâcon noch viele hübsche Gästezimmer inmitten von Weinfeldern.

### ■ SEHENSWERTES ■

#### HÔTEL-DIEU/MUSÉE GREUZE

Häuser in südlich anmutenden Pastellfarben umgeben das Hôtel-Dieu aus dem 18. Jh. Da es bis 1982 als Apotheke und Krankensaal diente, vermittelt es Ihnen ein authentisches Bild vom einstigen Gesundheitswesen. Im Haus werden zudem Originale und Kopien des in Tournus geborenen Malers Jean-Baptiste Greuze (1725–1805) gezeigt *(Ende März bis Mitte Nov. Mi–Mo 10–13, 14–18 Uhr | 5,45 Euro | 21, rue de l'Hôpital).*

#### ST-PHILIBERT ⭐

Der Turm von St-Philibert prägt zwar das Flusspanorama, doch hat sich die Abteikirche in den Gassen versteckt. Ihre Keimzelle ist das Grab des 179 enthaupteten Valerian, über dem ein frühchristliches Kloster entstand. Zugewanderte Mönche der Atlantikinsel Noirmoutier bauten es aus, errichteten aber nach einem Brand eine neue Kirche für ihren Schutzheiligen Philibert.

Die überragende Bedeutung des Bauwerks liegt darin, dass es hier erstmals gelang, eine weite Halle mit einem Steingewölbe zu decken und dennoch Fensteröffnungen in der Dachzone zu belassen. Entsprechend mächtig sind die tragenden Säulen. Schmuck wurde sparsam eingesetzt, doch entdecken Sie an einem Bogen einen Handwerker und die Inschrift „Gerlanus" – möglicherweise ein besonders frühes Künstlerporträt.

Die erhaltenen Teile des Klosters beherbergen heute das *Centre International d'Études Romanes (Juli/ Aug. tgl. 8–19, sonst bis 18 Uhr | 7, place des Arts | www.art-roman.org).*

### ■ ESSEN & TRINKEN ■

#### GREUZE

Im gleichnamigen Hotel, einem grandiosen, sehr teuren Haus mit Park, lockt ein Sternerestaurant Gourmets aus ganz Burgund an den Tisch. Dort ist der junge Chefkoch Laurent Conturier in die Fußstapfen von Altmeister Jean Ducloux getreten und zaubert beispielsweise Ravioli aus einem schlichten Granny Smith. *Tgl. | 1, rue Thibaudet | Tel. 03 85 51 13 52 | www.hotelgreuze.com | €€€*

### LE RELAIS DE L'ABBAYE

Das rustikale Ambiente ist gewöhnungsbedürftig. Die gute Küche macht es Ihnen da leichter. Spezialität des Hauses ist der **Chapeau** (Hut), unter dem Sie ein kulinarisches Geheimnis erwartet. *Tgl. | 1, av. Pasteur | Tel. 03 85 51 35 91 | www.lerelais delabbaye.fr | €€*

**Insider Tipp**

### ■ EINKAUFEN ■

Noch Platz im Auto? In der ehemaligen **Kirche St-Valérien** können Sie bei einem Antiquitätenhändler nach ausgefallenen alten Möbeln stöbern.

**Insider Tipp**

### ■ ÜBERNACHTEN ■
#### HÔTEL DE LA PAIX 🔊

Dicht am Fluss, aber leider auch am lauteren Teil der Geschäftsstraße befindet sich das *Logis de France* mit Garage. Großer Vorteil ist der niedrige Preis. *25 Zi. | 9, rue Jean-Jaurès | Tel. 03 85 51 01 85 | Fax 03 85 51 02 30 | www.hotel-de-la-paix.fr | €*

#### LE SAUVAGE 🔊

Die ehemalige Postkutschenstation liegt ein wenig abseits der N6 und damit relativ ruhig. *30 Zi. | place du Champ de Mars | Tel. 03 85 51 14 45 | Fax 03 85 32 10 27 | www.hotel-le-sauvage.fr/hotel.php | €€*

### ■ AUSKUNFT ■
#### OFFICE DE TOURISME
*2, place Carnot | Tel. 03 85 27 00 20 | Fax 03 85 27 00 21 | www.tournu geois.fr*

### ■ ZIELE IN DER UMGEBUNG ■
#### AZÉ                                    [116 B5]

Naturschauspiel und Kulturstätte zugleich sind die beiden Grotten von Azé, 23 km südwestlich von Tournus. Die obere Höhle barg das 300 000 Jahre alte Bärenskelett und Spuren des Frühmenschen, die im *Musée des Grottes* ausgestellt sind (*April–Sept. tgl. 10–12, 14–19 Uhr; Okt. nur So | 6 Euro*). Auf tieferem Niveau gluckert ein unterirdischer Fluss.

#### BLANOT                                 [116 B5]

Mit den fünf Tropfsteinhöhlen des Dorfs, 26 km südwestlich von Tournus gelegen, setzt sich das unterirdische Grottensystem von Azé fort. Bei der einstündigen Führung steigen Sie 80 m tief hinab in die Kalkformationen, das erfordert gute Kondition (*Juli/Aug. tgl. 10–18, April–Juni und Sept. Mi–So 10–17 Uhr | www.bla not.fr*). Hoch hinaus geht es dann am 🔆 *Mont St-Romain,* von wo Sie die Aussicht aus 579 m Höhe genießen.

#### BRANCION                              [116 B4]

12 km westlich von Tournus wacht oberhalb der Passstraße die Ruine einer 🔆 *Burg* in malerischer Lage (10./14. Jh.). In der romanischen Dorfkirche *St-Pierre*, ebenfalls oben auf dem Felssporn, entdecken Sie Freskenreste und das Grab des 1250 auf einem Kreuzzug gestorbenen Jocerand III., früherer Besitzer der Burg.

# SAÔNE-ET-LOIRE

### CHALON-SUR-SAÔNE    [116 B–C3]

Die 25 km nördlich von Tournus gelegene größere Stadt (131 000 Ew.)
ist von Handel, Verkehr und Industrie
geprägt. Auch die Altstadt wandelte
sich rasch in diesem wirtschaftlichen
Aufwind. Beachtung gebührt dem
1765 in Chalon geborenen Begründer

Euro | square Chabas | Tel. 03 85 48
37 97 | www.croisieres-saonoises.fr).

### CHÂTEAU DE CORMATIN ⭐    [116 B4]

Weil das Schloss einst dem Direktor
der Oper von Monte Carlo gehörte,
wohnten erlauchte Besucher wie der
Tenor Enrico Caruso hinter den Mau-

Place St-Vincent in Chalon-sur-Saône, dem Geburtsort des Begründers der Fotografie

der Fotografie, Nicéphore Niepce.
Ihm und seiner Erfindung ist das *Musée Nicéphore Niepce* am Ufer der
Saône gewidmet *(Juli/Aug. Mi–Mo
10–18, Sept.–Juni Mi–Mo 9.30–11.45,
14–17.45 Uhr | 3,10 Euro | 28, quai
des Méssageries | www.museeniepce.
com).* Da Sie schon einmal am Fluss
sind: *Croisières Saônoise* veranstal-
ten ab Chalon schöne Schiffstouren
mit und ohne Essen an Bord *(11–47*

ern. In diese Zeit gehören allerlei
verspielte Zutaten, doch stammt das
Château (24 km westl. von Tournus)
aus dem frühen 17. Jh. Im Garten er-
warten Sie ein großes *Labyrinth* und
ein *Freilichttheater. Führungen tgl.
Mitte Juli–Mitte Aug. 10–18.30, Mitte
Juni–Mitte Juli 10–12, 14–18.30,
April–Mitte Juni und Mitte Sept. bis
Mitte Nov. bis 17.30 Uhr | 8 Euro |
www.chateaudecormatin.com*

# > DURCH BURGUND MIT WASSER, WEIN UND KULTUR

Der Reiz der Region liegt in ihrer Vielfalt

*Die Touren sind auf dem hinteren Umschlag und im Reiseatlas grün markiert*

## 1 DIE CÔTE D'OR ZWISCHEN ROT UND WEISS

Sie sind immer gut beraten, wenn Sie eine Weintour wandernd oder mit dem Fahrrad zurücklegen. Allerdings gilt auch dann: Bei der Weinprobe wird nur geschaut, geschnüffelt und genippt, nicht geschluckt. Je klarer Sie das sehen, desto reizvoller erscheint Ihnen die Landschaft bei dieser gut zweistündigen Wanderung (per Rad entsprechend kürzer).

Mit ihrer Stadtmauer umzingelt die Weinmetropole Beaune *(S. 31)* ihre Besucher. So unternehmen nur wenige den Abstecher zum westlichen Stadtrand, wo die Quelle der Bouzaise einen künstlichen See speist. Das Idyll in diesem Parc de la Bouzaise lockt, ein wenig den Reben entgegenzuwandern.

Côte Méridionale de Beaune heißt das 48 km$^2$ große Weinbaugebiet südlich von Beaune, durch das ein autofreier

Bild: Château de Commarin

# AUSFLÜGE & TOUREN

Weg markiert wurde. Folgen Sie vom Parc de la Bouzaise aus den Schildern dieses *voie verte,* zunächst zum **Clos de la Mousse**. Sein Pinot noir füllt jährlich rund 18 000 Flaschen und wird zu hellem Fleisch und gegrilltem Geflügel gereicht.

Es geht sanft bergan und vorbei an den Gütern **Grands** und **Petits Epenots**, die bereits zu **Pommard** *(S. 37)* (3 km ab Beaune) gehören. Eine gute Flasche Epenots kann an die 200 Euro kosten.

Dabei besitzt Pommard, das sich eng um seine Kirche schart, nicht einmal *Grands,* sondern lediglich *Premiers Crus.* Eine Furt über den Fluss Serein ermöglichte den Weinhandel und ließ den Ort gedeihen. Im romanischen **Château de Commarin** *(S. 44),* heute ein berühmtes Weingut, hatten sogar die Herzöge Burgunds Quartier bezogen. Erst ins Jahr 1726 datiert hingegen das stattliche **Château de Pommard**  mit seinem herrlichen Rosen- und

Duftgarten *(März–Nov. tgl. 9.30 bis 18.30 Uhr | 15, rue Marey-Monge | www.chateaudepommard.com)*.

Vorbei an **Rugiens** als letztem Weingut Pommards geht es weiter aufwärts zu **Fremiets** als Vorboten von **Volnay** (5 km ab Beaune). Über dem Dorf wacht die ☀ Statue der **Notre-Dame-des-Vignes**, von der Sie bei klarem Wetter den Mont Blanc sehen. Gegen solche Aussicht verblasst der Wein, der mit Ausnahme großer Namen – wie eben Fremiets – eher derb als weich ist.

Eine Stunde dauert es noch bis zur Weißweininsel **Meursault** *(S. 36)* (9 km ab Beaune). Um den 57 m hohen Kirchturm flitzte Louis de Funès in dem Film „Die große Sause". Die bunten Dachziegel des **Hôtel de Ville** (14. Jh.) wetteifern mit der Aura von **Château de Meursault**. In seinem riesigen Keller aus der Zeit der Zisterzienser reift der Chardonnay in Eichenfässern *(tgl. 9.30–12, 14.30–18 Uhr | 15 Euro | www.meursault.com)*.

**Insider Tipp**

## 2 MITTELALTERLICHE SCHÄTZE AM WEG NACH MÂCON

🚲 Romanik lautet das Zauberwort. Es beschreibt eine Epoche, als das Mittelalter keineswegs finster war. Rings um den alten Klostersitz Cluny können Sie der Vergangenheit nachspüren, am besten mit dem Fahrrad. Zwei Tage dauert die sportlich anspruchsvolle ca. 60 km lange Tour. Am Start in **Tournus** *(S. 83)* wartet auf Sie nicht nur eine bedeutende romanische Kirche, sondern auch ein hübsches ☀ Flusspanorama an der Saône. Von nun an geht's bergauf. Gut 200 Höhenmeter sind erst einmal bis zum Pass auf der D 14 zu bewäl-

tigen, die Sie durch Weinfelder nach **Brancion** *(S. 84)* führt. Der Gipfelsturm hinauf zum ☀ Schloss fordert weitere Reserven. Danach dürfen Sie das kleine Paradies am Pass unterhalb der Ortschaft genießen: *La Montagne de Brancion,* ein Hotel-Restaurant mit Pool und Garten, in dem Sie sich höchstens wegen Ihrer verschwitzten Radlerkluft unwohl fühlen werden *(18 Zi. | Martailly-lès-Brancion | Tel. 03 85 51 12 40 | www.brancion.com | €€€)*.

**Insider Tipp**

Der weitere Weg, vorbei an den Tropfsteinhöhlen von **Blanot** *(S. 84)*, ist schön, aber anstrengend. Er führt durch die Wälder, in deren Schutz das Kloster **Cluny** *(S. 77)* florierte. In Cluny endet für heute die Pedaltour.

Mit einem letzten Blick auf die zerstörte Abtei geht es am zweiten Tag im Süden stadtauswärts, dann links auf die D 309 Richtung **Berzé-le-Châtel** *(S. 77)* und **Berzé-la-Ville** *(S. 77)*. Nach Unterquerung der N 79 radeln Sie über **Pierreclos** *(S. 78)* zum ☀ Felsen von **Solutré** *(S. 79)* und werden mit trainierten Waden leicht die Höhe erklimmen, um einen Blick auf die umliegenden Weinfelder zu werfen. Im Endspurt erobern Sie **Mâcon** *(S. 74)* mit seinem südlichen Flair, das zu weiteren Touren animiert.

## 3 FLÜSSE, SEEN UND KANÄLE IM WESTEN

🚢🏊‍♂️🚗 Burgund ist das Land, wo Wasser zu Wein wird. Allzu feuchte Böden bekommen den Rebstöcken allerdings nicht, und so bleibt der wasserreiche Westen ein weinarmes Land. Flüsse, Seen und Kanäle bereiteten dort an-

dere Lebensgrundlagen. Heute bieten sie Ihnen vor allem Freizeitspaß vielerlei Couleur. Die 170 km lange Tour stellt Ihnen in zwei Tagen (mit dem Hausboot in vier Tagen) einige Spielarten vor.

Wo der Fluss Aron im Zickzack durch die Lande streift, folgt der Canal du Nivernais seinen Launen. Dort, in Châtillon-en-Bazois (S. 64), soll die Fahrt für Sie im Hausboot beginnen. Weiter nördlich zieht sich die Yonne noch als dünnes Band dahin. Seen wie der Lac de Pannecière-Chaumard (S. 66), heute ein Freizeitparadies, wurden einst aufgestaut, um die Wasserläufe des Morvan kalkulierbar zu machen. Denn die Yonne sollte den Flößern einen Weg nach Paris ebnen. In Clamecy (S. 65), wo der Fluss breit genug wurde, um die Baumstämme miteinander zu verbinden, unterhielten die Flößer eine rebellische Bruderschaft. Folgen Sie nicht sklavisch dem Weg von Wasser und Holz, denn im Osten wartet mit Vézelay (S. 58) ein bedeutendes Kulturdenkmal. Zur Übernachtung kehren Sie aber wieder ans Wasser zurück, ins Vallée du Cousin (S. 58) am Südrand von Avallon (S. 55).

Cousin und Cure verbinden sich weiter nördlich zum gemeinsamen Lauf und erreichen bei Arcy-sur-Cure (S. 57) ein imposantes Felsmassiv. Tropfsteinhöhlen im Höhenzug offenbaren Ihnen eine wieder andere Facette des Wassers. Oberirdisch gestatten Ihnen mehrere Wanderwege die Begegnung mit der faszinierenden Flusslandschaft, bevor Sie zum Tourenziel Auxerre (S. 49) aufbrechen. Die Yonne fließt hier schon in einem breiten Bett und ist Spiegel für das Fachwerk der hübschen Stadt.

Auf dem Kanal bei Châtillon-en-Bazois beginnt eine der schönsten Hausboottouren durch Burgund

# EIN TAG RUND UM DIJON

Action pur und einmalige Erlebnisse.
Gehen Sie auf Tour mit unserem Szene-Scout

## SINNESFRÜHSTÜCK

**8:30**

Traumhafter Start in den Tag – beim Frühstück im *Les Grillons du Morvan*. Am grandiosen Buffet bedienen und die kleinen Leckereien neben einem Wasserfall genüsslich verspeisen! Danach gleich noch einen Picknickkorb fürs Mittagessen packen lassen. **WO?** *Lac des Settons/Rive droite | Montsauche les Settons | www.lesgrillonsdumorvan.com*

**10:00**

## STURZ INS BODENLOSE

17 km weiter wartet das Abenteuer: Helm aufsetzen, Schwimmweste anziehen und los geht's! Im Schlauchboot stürzt man sich in die Fluten der Cure. Aber keine Angst: Die Guides führen einen sicher durch Stromschnellen und tosende Wellen. Adrenalin pur! **WO?** *Angie – Le feu de l'eau | Treffpunkt: Parkplatz Wasserfall Saut de Gouloux | 40 Euro | Anmeldung unter www.angie-kayak.com*

## OPEN-AIR-LUNCH

**12:30**

So viel Action macht hungrig. Da kommt der morgens gepackte Picknickkorb gerade recht! Schönes Plätzchen am Lac des Settons, dem beliebtesten See des Morvan, aussuchen, die feinen Sachen auspacken und mit Blick auf das Wasser genießen. **WO?** *Lac des Settons*

**14:00**

## WEIN MUSS SEIN!

Eintauchen ins Reich der Schaumweine: Im *L'Imaginarium*, rund eine Stunde Fahrzeit entfernt, lernt man bei einem Workshop per Experiment und mit sensorischen Techniken die köstlichen Tropfen kennen. Das Extra gibt's obendrauf: eine Weinprobe! **WO?** *L'Imaginarium | av. du Jura | Nuits-St-Georges | 15 Euro | Anmeldung: Tel. 03 80 62 61 40 | www.imaginarium-bourgogne.com*

# 24 h

## MULTIMEDIALES DIJON

**17:30**

Jetzt geht's zur Stadterkundung – natürlich auf eigene Faust! Aber mit Begleitung: Ein Taschencomputer verrät anhand von Interviews, Archivbildern, Rekonstruktionen und seltenen Illustrationen die Geheimnisse Dijons. Spannend! **WO?** *Multimedia-Guide-Verleih: Office de Tourisme | 11, rue des Forges | 12 Euro/Guide | www.dijon-tourism.com*

**19:00**

## WELLNESS DE LUXE

Wellness heißt „bien-être", und das wird jetzt zelebriert: bei einer Massage im *Forme & Zen*. Mit sanfter Akupressur wird bei der Massage „Amma" der Energiefluss im Körper aktiviert. Augen schließen und entspannen. **WO?** *86, rue Monge | 15 Euro/15 Min. | Tel. 03 80 45 46 74 | www.formeetzen.fr*

## PERFEKTES DINNER

**20:30**

Im *Les Œnophiles* werden Ihnen phantasievolle Gerichte als kleine, auf Tellern arrangierte Kunstwerke serviert. Fast zu schön zum Essen – aber eben nur fast, denn sie schmecken einfach köstlich. Einen Platz im zauberhaften Garten ergattern und sich vom Menü überraschen lassen! **WO?** *Im Hotel Philippe le Bon | So geschl. | 18, rue Ste Anne | Tel. 03 80 30 73 52 | www.hotelphilippelebon.com*

**22:00**

## PARTYLAUNE

Nachtschwärmer zieht es ins *Le Smart*: Vor stylish-plüschigem Interieur wird hier die Nacht zum Tag gemacht! Unter Gewölbe zu Livemusik oder DJ-Sound bis zum nächsten Morgen abtanzen. So feiert die Bourgogne! **WO?** *8, rue Claus Sluter | Tel. 03 80 74 26 36 | www.le-smart.com*

## > SEGELREVIERE, KLETTERFELSEN UND GOLFRASEN

Burgund bietet ein sportliches Abc der unbegrenzten Möglichkeiten

> Geografisches Herz Burgunds ist das Granitplateau des Morvan, weitgehend naturbelassen, weil es für die Landwirtschaft wenig Erträge bringt. Gerade dort können Sie vielerlei Aktivitäten an frischer Luft betreiben. Aber auch die zahlreichen Flüsse und Seen sind ideal, um alte und neue Sportarten zu entdecken.

### ■ ANGELN ■

Burgund, das ist Wasser auf der ganzen Linie, also auch ein Angler-paradies. Vom zentralen Höhenzug des Morvan laufen die Rinnsale ab, vereinigen sich zu Flüssen von über 1200 km Länge, bilden Seen mit insgesamt 200 km² und werden sogar noch um 800 km Kanäle ergänzt.

Wo immer Sie die Leine auswerfen, benötigen Sie einen Angelschein. Ausführliche Broschüren zum Thema Angeln stehen zum Download bereit unter *www.burgund-tourismus.com*.

Bild: Radfahrer nahe Gevrey-Chambertin

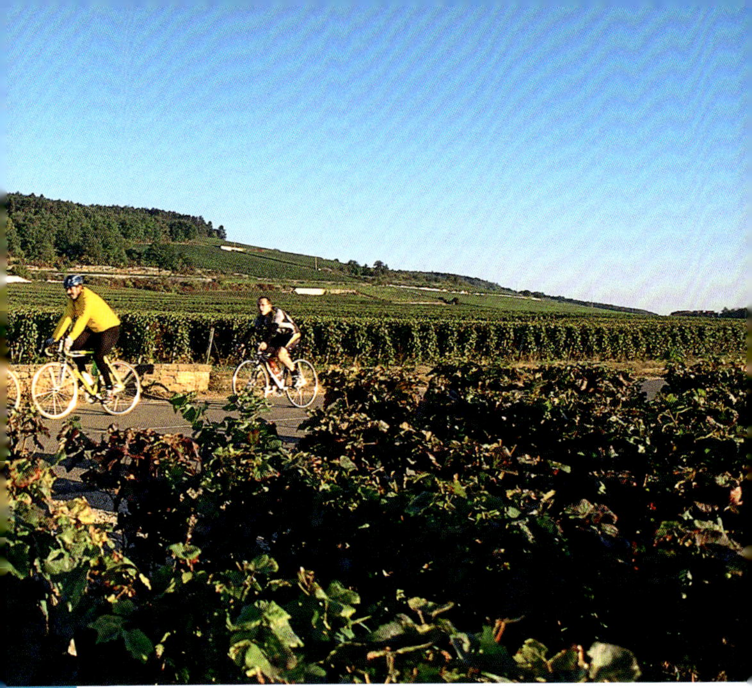

# SPORT & AKTIVITÄTEN

## GOLFEN

Gäste sind auf fast allen Golfplätzen Burgunds willkommen. Die besten 18-Loch- und 9-Loch-Anlagen sind unter *www.1golf.eu/golfclubs/frankreich/burgund* mit weiterführenden Links gelistet. Verlockend erscheint die Kombination aus Golf und Wohnen im Schloss. Da fällt die Wahl schwer zwischen dem Insider Tipp *Château de Chailly (45 Zi. | Pouilly-en-Auxois | Tel. 03 80 90 30 30 | www.chailly.com | €€€)* und der Insider Tipp *Domaine du Roncemay (5 Zi., 3 Suiten | Aillant-sur-Tholon | Tel. 03 86 73 50 50 | www.roncemay.com | €€€)*.

## KANU & KAJAK

Vom ruhigen Paddeln auf dem *Lac des Settons* bis zur anspruchsvollen Tour auf den Flüssen *Chalaux* und *Cure* reichen Burgunds Angebote an Kanu- und Kajakfahrer. Die ganz großen Herausforderungen beginnen, wenn am Wochenende die Schleusen der Staumauern geöffnet werden. Doch auch die weitgehend naturbelassene *Loire* wird Ihnen ein besonderes Erlebnis bieten. Das *Comité Régional de Bourgogne de Canoë-Kayak (Dijon | Tel. 03 80 45 32 83)* stellt die Clubs der Region vor unter: *www.crck.org/bourgogne*.

Veranstalter geführter Touren sind z. B. auf der Loire *Canoë Évasion (Pouilly-sur-Loire | Tel. 03 86 39 13 75 | www.canoeevasion.com)* oder auf der Cure *A.B. Loisirs (route de Camping | St-Père-sous-Vézelay | Tel. 03 86 33 38 38 | www.abloisirs. com)*.

## KLETTERN

Auf dem Weg nach Süden erleben Sie Burgund erst einmal als ein flaches Land, in dem Kletterpartien unvorstellbar erscheinen. Doch einige Felsen machen Burgund zu einer herausragenden Region für technisches Training. So erheben sich etwa 30 km südlich von Auxerre die Kalkfelsen des *Saussois* über dem *Canal du Nivernais* – eine spektakuläre Landschaft für Fortgeschrittene. Ein paar leichtere Routen bieten die *Rochers de Miraude* bei *Saffres* in der Nähe von Vitteaux (Côte d'Or), die *Rochers du Grognot* beim berühmten Weingut *Clos de Vougeot* und *Vieux-Château* südlich von *Époisses*.

Auflistung und detaillierte Darstellung der Kletterfelsen auf der Internetseite der *Fédération française de la montagne et de l'escalade: www.ffme.fr*. Unterricht erteilt *Loisirs en Morvan (40, rue de Lyon | Avallon | Tel. 03 86 31 90 10 | www. loisirsenmorvan.com)*.

## RADWANDERN & MOUNTAINBIKING

Keine allzu strapaziösen Steigungen, dafür heiße und mitunter windige Tage – so sieht die Bilanz für Radwanderer in Burgund aus. Als Bahnreisende können Sie Räder an Bahnhöfen ausleihen, ansonsten gibt es Vermieter in allen touristischen Zentren. Ein Radwandernetz umfasst rund 800 km. Zu unterscheiden sind dabei die ausgeschilderten *véloroutes* (auf stillen Landstraßen) von den *voies vertes* (ohne motorisierten Verkehr). So ein „grüner Weg" führt von *Cluny* nach *Beaune*, andere durch Weinbaugebiete. Ein versierter Anbieter geführter Touren ist *Bourgogne Évasion (8, hameau du Château | Rully | Tel. 06 64 68 83 57 | bourgogne.evasion.site.voila.fr)*.

Sind Sie eher Fan des Mountainbikes (in Frankreich *VTT*), sollte der *Morvan* Ihr Ziel sein. Dort sind Routen von etwa 2000 km unterschiedlicher Schwierigkeitsgrade markiert. Kontakt: *Vélo Morvan Nature | St-Brisson | Tel. 03 86 78 71 77 | velo.morvan.nature@wanadoo.fr*

## RAFTING

Vor allem im Winter sind *Yonne*, *Cure* und *Cousin* reißende Gewässer, auf denen *Rafting*, *Hotdogging* und *Hydrospeed* zur großen Herausforderung werden. Die meisten Veranstalter finden Sie im *Morvan*, darunter *SARL Tous Azimuts (Montsauche-les-Settons | Tel. 03 86 22 28 97 | http://tous.azimuts.free.fr)*.

## REITEN

*Ferme équestre* lautet das französische Schlüsselwort für Pferdefreunde. Diese Reiterhöfe verleihen Pferde, bieten geführte Ausflüge und teils auch Unterkunft. Besonders umfangreich ist das Netz markierter Wege im *Morvan*. Dort hat sich *A Hue et A Dia* *(Domaine de St-Honoré | Sommant-en-Morvan | Tel. 03 85 82 66 48 | http://ahueeta dia.com)* als preiswerter Anbieter etabliert. Weitere Infos beim *Comité Régional du Tourisme Équestre de Bourgogne (15, rue Coubertin | Dijon | Tel. 03 80 38 29 95 | www.tou rismequestre-bourgogne.com)*.

### ▮ SEGELN & SURFEN ▮

Zwar können Sie Aktivitäten wie Wasserski auch auf manchen Flüssen betreiben, doch die Zentren aller Sportarten auf großen Wasserflächen sind die Seen des *Morvan*, darunter als größter *Lac de Pannecière* (5 km²) und als beliebtester *Lac des Settons* (3,6 km²). Boote und Ausrüstung vermietet u. a.: *Activital (Base Sport et Nature des Settons | Montsauche-les-Settons | Tel. 03 86 84 51 98 | www.activital.net)*.

### ▮ WANDERN ▮

6000 km Wanderwege stehen zur Wahl, darunter kürzere Touren in der Weinregion oder entlang der Kanäle oder die anspruchsvollen Fernwanderwege *Grandes Randonnées (GR)*. Von *Dijon* nach *Cluny* verläuft die *GR 7*, zwischen *Auxerre* und *Autun* die *GR 13*. Hinzu kommen Teilstücke der *GR 2* (*Châtillon-sur-Seine* bis *Dijon*) und *GR 3* (entlang der *Loire*). Infos und geführte Touren: *France Randonnée (Rennes | 9, rue Portes Mordelaises | Tel. 02 99 67 42 21 | Fax 02 99 67 42 23 | www.francerandonnee.fr)*.

Eine Herausforderung für Profikletterer sind die Kalkfelsen von Saussois

# > KLETTERPARK, ESELSRITT UND EIN HAUS DES LACHENS

## Burgunds spritzige Ideen für den Nachwuchs

> Das kinderfreundliche Frankreich garantiert Ihnen auch in Burgund unbeschwerten Familienurlaub: Es gibt eine Vielzahl von Highlights für Kinder, die hier nur in kleiner Auswahl vorgestellt werden können. Über sprachliche Hürden helfen alle gern nach besten Kräften hinweg.

### ■ CÔTE D'OR

#### NASSER VOLANT [112 C6]

Unabhängig vom Wind präsentiert der Afghane Omar Nasser Kunst-drachen aus aller Welt im Einsatz. In der Werkstatt können auch eigene Drachen gebaut werden (nach Voranmeldung). *Mo–Fr 10–12 und 14–18 Uhr | Eintritt frei | Perrigny-lès-Dijon | 12, rue Vignery | Tel. 03 80 54 32 46 | www.nasservolant.com*

#### PETIT TRAIN TOURISTIQUE [116 B2]

Durch das Tal der Ouche verläuft Frankreichs älteste Bahnlinie, sie bediente in der ersten Hälfte des

# MIT KINDERN REISEN

19. Jhs. eine Kohlenmine. Vom Bahnhof in Bligny starten Sie während der Woche mit einer Diesellok, sonn- und feiertags mit einer Dampflokomotive zur nostalgischen Reise. *Mai–Sept. So und feiertags 14.45 und 16.30, Juli/Aug. auch Mo–Sa 15.30 Uhr | 7,50 Euro, Kinder zwischen 3 und 10 Jahren 5 Euro | Bahnhof Bligny-sur-Ouche | Tel. 06 30 01 48 29 | www.lepetittrainde bligny.com*

## YONNE

### CARDOLAND [111 D–E5]

Auf dem Weg nach Vézelay liegt kurz hinter Chamoux ein prähistorischer Park mit über 80 Skulpturen von Sauriern und Frühmenschen, die der Künstler Cardo geschaffen hat. Dazu gehört auch ein Museum und eine ausgemalte Höhle. *Juni–August So–Fr 10–18, Sa 13–18 Uhr, April/ Mai, Sept./Okt. Sa/So13–17.30 Uhr | Juli/Aug. 8,50 Euro, Kinder 6,50*

Euro, sonst 7,50 Euro, Kinder 5 Euro | D 951 | www.cardoland.com

### CHANTIER MÉDIÉVAL [110 C5]

Mit den Materialien und Techniken des Mittelalters wird mit freiwilligen Helfern aus ganz Europa am *Étang de Guédelon* eine Burg errichtet. Dabei sind nicht nur Facharbeiter willkommen, sondern auch Leute, die einfach nur Mörtel mischen oder in ritterlicher Manier über ihr Eintrittsgeld das Projekt unterstützen. Als Bauzeit sind 25 Jahre veranschlagt. *Mitte März–Ende Juni Do–Di 10–18 (ab April So bis 19 Uhr), Juli/Aug. tgl. 10–19, Sept./Okt. Do–Di 10–17.30 Uhr | 9 Euro, Kinder 7 Euro | Guédelon | www.guedelon.org*

### FERME DU CHÂTEAU [110 C4]

Tiere zum Streicheln und landwirtschaftliches Gerät alter Zeiten sind auf dem Bauernhof zu finden, der noch nach traditioneller Methode bewirtschaftet wird. *April und Juni Di bis So 10–12 und 14–17, Mai und Sept. nur Sa/So 10–12 und 14 17, Juli/Aug. tgl. 10–12 und 14–18 Uhr | 6 Euro, Kinder 4 Euro | Château St-Fargeau | www.ferme-du-chateau.com*

### GROTTE DE CHAMP RETARD [111 E5]

*Insider Tipp*

Der Abenteuerparcours in einem ehemaligen Steinbruch, rund 15 km nördlich von Avallon gelegen, gilt als frankreichweit einzigartig. Die atemberaubend steilen Wände der Höhle sind mit Seilen gesichert, sodass auch Kinder über Eisenbügel durch den Schacht klettern können. In der Grotte finden manchmal auch Konzerte statt. *Ostern–Mitte Nov. Mi, Sa/So 13.30–18.30, in den Schulferien tgl. 13.30–18.30, Juli/Aug. Fr/Sa bis 21 Uhr | 20 Euro, Kinder 12–16 Jahre 15 Euro, 7–11 Jahre 7 Euro, Biwak in der Grotte mit Frühstück 14 Euro | Coutarnoux | www.grottechampretard.com*

### NATURE ADVENTURE [110 C5]

Riesiger Kletter- und Abenteuerpark in einem 8 km² großen Waldgebiet bei Treigny. Der Anfängerparcours ist bereits für Fünfjährige (Mindestgröße 1,10 m) geeignet, die sich mit Sicherung in einer Höhe von 1 m am Seil entlanghangeln. Über Brücken und Netze geht es für Fortgeschrittene bis hinauf in 17 m Höhe. Eintritt nur in Begleitung Erwachsener. *Juli/Aug. tgl. 10–19, März–Juni und Sept./Okt. Sa/So 13–18 Uhr, zusätzliche Öffnungszeiten in den Schulferien | ab 16 Jahren und Kinder über 1,40 m 21 Euro, Kinder bis 16 Jahre 18 Euro, zwischen 1,10 m und 1,30 m 13 Euro | bei Treigny, RD 185 | www.natureadventure.fr*

### ■ NIÈVRE

### UN ÂNE EN MORVAN [111 E6]

*Insider Tipp*

Robert Stevenson, der Autor der „Schatzinsel", reiste mit einem Esel durch Frankreich. In Lormes im Morvan können Sie sein Erlebnis bei zwei- bis sechstägigen Touren nachempfinden. Und in Begleitung von Eseln wandern selbst Kinder gern. Übernachtung auf Bauernhöfen und Campingplätzen. *39 Euro/Tag und Esel | Les Aubues | Tel. 03 86 22 89 83 | www.bourricot.com/unaneenmorvan*

### CYCLORAIL [111 D5–6]

Die 34 km lange Tour mit der Draisine von Varzy nach Clamecy und zurück ist Frankreichs längster sogenannter *vélorail*. Am Startpunkt befindet sich ein Restaurant. Ganzjährig nach telefonischer Voranmeldung oder Reservierung übers Internet. *1 Std. 15 Euro, 1 Tag 54 Euro | Gare de Varzy | Tel. 03 86 45 70 05 | http://cyclorail.com/velorail-haut-ni vernais*

## ▀ SAÔNE-ET-LOIRE ▀

### HARAS NATIONAL                [116 B5]

Die Pferdevorführungen des Nationalgestüts in Cluny sind ein tolles Erlebnis. Unter *Les Jeudis de Cluny* firmieren ausgewählte Donnerstage im Sommer, wenn besondere Paraden, Ausstellungen und Präsentationen historischer Kutschen stattfinden. *Führungen März Di–Fr 14, April–Sept. Di–So 14, 15.30 und 17, Okt. Mi, Fr/Sa 14 Uhr | 2, rue Porte des Prés | 5 Euro, Kinder 2 bzw. 3 Euro | www.haras-nationaux.fr*

### LA MAISON DU RIRE        [116 B5] Insider Tipp

Selten so gelacht? Im „Haus des Lachens und des Humors" geht es um nichts anderes als gute Laune. Bei mangelndem Sprachschatz ist die Sache zwar nur das halbe Vergnügen, aber der Apparat zum Biegen von Bananen leuchtet wohl jedem auch wortlos ein. *Mi–So 15–19 Uhr | Eintritt frei | 6, champ de Foire | Cluny | http://lamaisondurire.monsite.wana doo.fr*

### TOUROPARC              [116 B6]

Museum, Aquapark und zugleich ein Zoo mit 800 teils seltenen Tieren ist das Freizeitareal in der äußersten Südostecke Burgunds in Romanèche-Thorins. *Juli/Aug. tgl. 9.30–19, Mitte Jan.–Feb. 13.30 bis 17.30, März–Mai, Sept.–11. Nov. 9.30–18 Uhr | Tarif je nach Jahreszeit 10–16,50 Euro | RN 6 | www.touroparc.com*

Auxerre, Place St-Nicolas: Manche Brunnen können auch ohne Wasser viel Spaß machen

# > VON ANREISE BIS ZOLL

Urlaub von Anfang bis Ende: die wichtigsten Adressen und Informationen für Ihre Burgundreise

## ▮ ANREISE ▮

### AUTO

Bei Anreise aus Süddeutschland, der nördlichen Schweiz und Österreich wählen Sie ab Mulhouse die A 36 nach Beaune. Aus dem Norden geht es am schnellsten über Luxemburg und Nancy und von dort auf der A 31 nach Dijon. Ab Genf steht die A 40 nach Mâcon zur Verfügung. Die Strecke Mulhouse–Beaune ist 235 km lang (Mautgebühr PKW 15,80 Euro). Weitere Mautgebühren, Baustellen und Staus unter *www.autoroutes.fr*

### BAHN

Obwohl es ein Umweg ist, führt die schnellste Zugverbindung aus dem nördlichen Deutschland zunächst mit dem Thalys nach Paris, vom dortigen Gare de Lyon in 1 Std. 35 Min. mit dem Hochgeschwindigkeitszug TGV nach Dijon. Aus dem süddeutschen Raum fahren Sie über Strasbourg und Belfort. Info und Online-Buchung: *www.bahn.de*, *www.sncf.fr*, *www.thalys.com* und *www.tgv.com*.

### FLUGZEUG

Der Flughafen Dijon dient vorwiegend zu Urlaubsreisen ab Burgund in ferne Länder und ist aus dem deutschsprachigen Raum nicht per Direktflug zu erreichen. So können Sie lediglich Paris anfliegen und von dort den TGV nehmen.

# PRAKTISCHE HINWEISE

## ■ AUSKUNFT

**MAISON DE LA FRANCE**

– *Zeppelinallee 37 | 60325 Frankfurt | Tel. 09001/57 00 25 | Fax 09001/59 90 61 |* http://de.franceguide.com
– *Lugeck 1–2/Stg. 1/Top 7 | 1010 Wien | Tel. 0900/25 00 15 | Fax 01/503 28 72 |* http://at.franceguide.com
– *Rennweg 42 | 8023 Zürich | Tel. 044/217 46 00 | Fax 044/217 46 17 |* http://ch-de.franceguide.com

Infos auch über die lokalen *Offices de Tourisme* sowie beim *Comité Régional du Tourisme de Bourgogne (BP 20623 | 21006 Dijon Cédex | Tel. 03 80 28 02 80 | Fax 03 80 28 03 00 |* www.burgund-tourismus.com*)*.

## ■ AUTO

Frankreichs Verkehrsregeln entsprechen weitgehend denen in Deutschland. Viele Vergehen werden jedoch wesentlich strenger geahndet, so das Überschreiten der Promillegrenze (0,5) und der Höchstgeschwindigkeit (50 km/h in Ortschaften, 130 km/h auf Autobahnen, 110 km/h auf vierspurigen und 90 km/h auf anderen Straßen bzw. bei Nässe 110, 100 und 80 km/h). Für Motorräder und Fahranfänger gelten niedrigere Geschwindigkeiten. Motorradfahrer müssen generell, PKWs nur bei Regen und Nebel das Abblendlicht einschalten.

Hohe Geldbußen werden auch fällig beim Parken vor Krankenhäusern, Polizeirevieren, Postämtern, an Bushaltestellen und gelb markierten Bordsteinen. Für Camper gilt in vielen Orten ein nächtliches Parkverbot.

Wer sichergehen und sich auch gegen Diebstahl schützen will, stellt in größeren Orten das Auto in der Hotelgarage oder auf einem bewachten Parkplatz ab. Wertsachen niemals im Wagen zurücklassen!

Autobahnen sind gebührenpflichtig. Die Kraftstoffpreise entsprechen meist denen in Deutschland. Das günstigste Benzin erhält man an den Tankstellen großer Supermärkte.

Auslandsnotruf des ADAC: *Tel. 0049/89 22 22 22*

## ■ DIPLOMATISCHE VERTRETUNGEN

**DEUTSCHES KONSULAT**

*29, rue Buffon | 21000 Dijon | Tel. 03 80 68 07 01 | Fax 03 80 68 07 04 |* www.amb-allemagne.fr

**ÖSTERREICHISCHE BOTSCHAFT**

*6, rue Fabert | 75007 Paris | Tel. 01 40 63 30 63 | Fax 01 45 55 63 65 |* www.amb-autriche.fr

**SCHWEIZER KONSULAT**

*18, cours du Gén. De Gaulle | 21000 Dijon | Tel. 03 80 67 30 10 | Fax 03 80 38 16 47 |* www.eda.admin.ch

## ■ GELD & KREDITKARTEN

Geldautomaten finden Sie mittlerweile selbst in kleinen Orten. Verbreitete Kreditkarten sind Visa, Eurocard/Mastercard wie auch American Express.

## GESUNDHEIT

Mitglieder gesetzlicher Krankenkassen können sich unter Vorlage der Auslandskarte *(EHIC)* kostenlos bei einem Vertragsarzt behandeln lassen. Sollte die Karte nicht akzeptiert werden, erstattet die Krankenkasse gegen Vorlage der Arztrechnung die in Deutschland üblichen Sätze. Der Abschluss einer Reisekrankenversicherung ist ratsam, um zusätzliche Leistungen zu decken.

## INTERNET

Liste und Beschreibung (engl.) vieler Hotels und Restaurants mit Buchungsmöglichkeit, dazu Empfehlungen für Einkauf, Attraktionen und Sport: *www.burgundyeye.com.* Artikel (dt.) zu Ferien und Essen in Frankreich, Jobs, Sprache und Gesundheit: *www.frankreichkontakte.de.* Wetterlage (fr.): *www.meteofrance. com.* Deutsch-französisches Lexikon:

*www.woxikon.de.* Liste von Wlan-Hotspots: *www.hotspot-locations.de* und *www.journaldunet.com/wifi.* Tarife und Öffnungszeiten für Sehenswürdigkeiten, Hinweise auf Sonderveranstaltungen (fr.): *www. france89.com, www.musees-bourgo gne.org*

## INTERNETCAFÉS

Die sogenannten *Cyber-Cafés* sind eher in den Hauptorten anzutreffen, auf dem Land dagegen nur sehr selten. Eine leider nicht vollständige Liste (fr.) unter *www.cybercafe.fr* und (dt.) *www.worldofinternetcafes. de.*

## NOTRUF

Erste Hilfe: *Tel. 15*
Polizei: *Tel. 17*
Feuerwehr: *Tel. 18*
Europaweiter Notruf: *Tel. 112*

## REISEZEIT

Sonnenreiche, warme bis heiße Sommer sind gute Bedingungen für den

# WETTER IN DIJON

| Jan. | Feb. | März | April | Mai | Juni | Juli | Aug. | Sept. | Okt. | Nov. | Dez. |
|---|---|---|---|---|---|---|---|---|---|---|---|
| 4 | 7 | 11 | 15 | 18 | 22 | 25 | 25 | 21 | 15 | 8 | 5 |

Tagestemperaturen in °C

| Jan. | Feb. | März | April | Mai | Juni | Juli | Aug. | Sept. | Okt. | Nov. | Dez. |
|---|---|---|---|---|---|---|---|---|---|---|---|
| –1 | 0 | 2 | 5 | 8 | 12 | 14 | 14 | 11 | 7 | 3 | 0 |

Nachttemperaturen in °C

| Jan. | Feb. | März | April | Mai | Juni | Juli | Aug. | Sept. | Okt. | Nov. | Dez. |
|---|---|---|---|---|---|---|---|---|---|---|---|
| 2 | 3 | 4 | 6 | 6 | 8 | 9 | 9 | 6 | 4 | 3 | 2 |

Sonnenschein Std./Tag

| Jan. | Feb. | März | April | Mai | Juni | Juli | Aug. | Sept. | Okt. | Nov. | Dez. |
|---|---|---|---|---|---|---|---|---|---|---|---|
| 16 | 14 | 15 | 14 | 16 | 13 | 11 | 12 | 11 | 12 | 15 | 15 |

Niederschlag Tage/Monat

Wein und für einen gelungenen Urlaub. Der Midi-Wind garantiert obendrein milde Temperaturen in Frühjahr und Herbst. Der Winter hingegen ist ungemütlich kalt und regenreich. Im Morvan müssen Sie zu jeder Jahreszeit mit bedecktem Himmel und Nässe rechnen.

## STROM

Stromspannung: 220–240 V. Flachstecker passen auch in französische Steckdosen. Für andere Stecker brauchen Sie einen Adapter.

## TELEFON & HANDY

Neben Postämtern verkaufen auch Tabakläden und Tankstellen Telefonkarten *(télécartes)* für öffentliche Fernsprecher. Einige Apparate nehmen noch Bargeld an, an anderen kann mit Kreditkarte gezahlt werden (Master/Eurocard, Visa).

Französische Teilnehmernummern sind zehnstellig, die erste Ziffer ist immer die 0, die bei Anrufen aus dem Ausland entfällt. Nach Frankreich wählen Sie die Vorwahl 0033, nach Deutschland 0049, nach Österreich 0043, in die Schweiz 0041.

Den Mobilfunkmarkt in Frankreich teilen sich mehrere Betreiber (kann von Ort zu Ort wechseln). Ihr eigener Anbieter gibt Auskunft darüber, ob er ein Roaming-Abkommen mit den französischen Partnern unterzeichnet hat. Übersichten und Tipps unter: *www.teltarif.de*. Bei längeren Aufenthalten kann es für Sie günstiger sein, vor Ort eine Prepaid-Karte zu kaufen, z. B. in Tabakläden. Mit der Karte erhalten Sie eine Nummer, unter der Sie erreichbar sind, ohne für eingehende Anrufe zu zahlen.

Auch für die Anrufer ist das preiswerter.

## TRINKGELD

Obwohl die Restaurantrechnung oft schon ein Trinkgeld enthält, ist ein weiterer Zuschlag von bis zu 10 Prozent üblich. Auch Taxifahrer erhalten zumeist ein Trinkgeld in dieser Höhe.

## ZOLL

Zollfrei sind im privaten Reiseverkehr Waren zum eigenen Verbrauch. Zur Unterscheidung zwischen priva-

## WAS KOSTET WIE VIEL?

| | | |
|---|---|---|
| > **KAFFEE** | **AB 1,30 EURO** | |
| | für eine Tasse | |
| > **WEIN** | **AB 12 EURO** | |
| | für eine Flasche im Restaurant | |
| > **IMBISS** | **2,50 EURO** | |
| | für ein belegtes Baguettebrötchen | |
| > **MENÜ** | **AB 9,50 EURO** | |
| | für ein Mittagsmenü | |
| > **HAUSBOOT** | **AB 600 EURO** | |
| | für ein 2-Personen-Hausboot pro Woche | |
| > **MUSEUM** | **2 EURO** | |
| | in der Provinz | |

ter und gewerblicher Verwendung dienen Richtmengen, z. B. 800 Zigaretten, 10 l Spirituosen, 20 l andere alkoholische Getränke, 90 l Wein (für Nicht-EU-Mitglieder: 200 Zigaretten, 1 l Spirituosen und 2 l Wein).

# > TU PARLES FRANÇAIS?

„Sprichst du Französisch?" Dieser Sprachführer hilft Ihnen,
die wichtigsten Wörter und Sätze auf Französisch zu sagen

## Aussprache

Zur Erleichterung der Aussprache sind alle französischen Wörter mit einer einfachen
Aussprache (in eckigen Klammern) versehen.

## ■ AUF EINEN BLICK ■

| | |
|---|---|
| Ja/Nein | Oui [ui]/Non [nong] |
| Vielleicht | Peut-être [pöhtätr] |
| Bitte | S'il vous plaît [sil wu plä] |
| Danke | Merci [märsi] |
| Gern geschehen. | De rien. [dö rjäng] |
| Entschuldigen Sie! | Excusez-moi! [äksküseh mua] |
| Wie bitte? | Comment? [kommang] |
| Ich verstehe Sie/dich nicht. | Je ne comprends pas. [schön kongprang pa] |
| Ich spreche nur wenig Französisch. | Je parle un tout petit peu français. [schparl äng tu pti pöh frangsä] |
| Können Sie mir bitte helfen? | Vous pouvez m'aider, s.v.p.? [wu puweh mehdeh sil wu plä] |
| Guten Morgen/Tag! | Bonjour! [bongschur] |
| Guten Abend! | Bonsoir! [bongsuar] |
| Hallo!/Grüß dich! | Salut! [salü] |
| Wie ist Ihr Name, bitte? | Comment vous appelez-vous? [kommang wus_apleh wu] |
| Wie heißt du? | Comment tu t'appelles? [kommang tü tapäl] |
| Mein Name ist … | Je m'appelle … [schö mapäl] |
| Ich komme aus … | Je suis de … [schö süi dö] |
| … Deutschland. | … l'Allemagne. [lalmanj]/ |
| … Österreich. | … l'Autriche. [lohtrisch] |
| … der Schweiz. | … la Suisse. [la süis] |
| Auf Wiedersehen! | Au revoir! [oh röwuar] |
| Tschüss! | Salut! [salü] |
| Hilfe! | Au secours! [oh skur] |
| Rufen Sie bitte schnell … | Appelez vite … [apleh wit] |
| … einen Krankenwagen. | … une ambulance. [ün_angbülangs] |
| … die Polizei. | … la police. [la polis] |

## ■ UNTERWEGS ■

| | |
|---|---|
| Bitte, wo ist … | Pardon, où se trouve …, s.v.p.? [pardong, us truw … sil wu plä] |

# SPRACHFÜHRER FRANZÖSISCH

| | |
|---|---|
| … der Bahnhof? | … la gare … [la gar] |
| … der Flughafen? | … l'aéroport … [laehropor] |
| … die Haltestelle? | … l'arrêt … [larä]/ |
| | … la station … [la stasjong] |
| … der Taxistand? | … la place de voitures … [la plas dö woitür] |
| Bus/Fähre/Zug | le bus [lö büs]/le bac [lö bak]/le train [lö träng] |
| Entschuldigung, | Pour aller à …, s.v.p.? |
| wie komme ich nach …? | [pur_aleh a sil wu plä] |
| Immer geradeaus bis … | Vous allez tout droit jusqu'à … |
| | [wus_aleh tu drua schüska] |
| Dann links/rechts abbiegen. | Ensuite, vous tournez à gauche/à droite. |
| | [angsüit wu turneh a gosch/adruat] |
| nah/weit | près [prä]/loin [luäng] |
| Überqueren Sie … | Vous traversez … [wu trawärseh] |
| … die Brücke. | … le pont. [lö pong] |
| … den Platz. | … la place. [la plas] |
| … die Straße. | … la rue. [la rü] |
| Ich möchte … mieten. | Je voudrais louer … [schwudrä lueh] |
| … ein Auto … | … une voiture. [ün wuatür] |
| … ein Fahrrad … | … un vélo. [äng wehloh] |
| … ein Boot … | … un bateau. [äng batoh] |
| offen/geschlossen | ouvert,e [uwär, uwärt]/fermé,e [färmeh] |
| drücken/ziehen | presser [presseh]/tirer [tireh] |
| Eingang/Ausgang | l'entrée [l'angtreh]/la sortie [la sorti] |
| Wo sind bitte die Toiletten? | Où sont les W.-C., s.v.p.? |
| | [u song leh wehseh sil wu plä] |
| Damen/Herren | dames [damm]/messieurs [messjöh] |

## ◾ SEHENSWERTES ◾

| | |
|---|---|
| Wann ist das Museum geöffnet? | A quelle heure ouvre le musée? |
| | [a käl_ör uwrö lö müseh] |
| Wann beginnt die Führung? | La visite guidée est à quelle heure? |
| | [la wisit gideh ät_a käl_ör] |
| Altstadt | la vieille ville [la wjäj wil] |
| Ausstellung | l'exposition [läkspohsisjong] |
| Gottesdienst | l'office [lofis] |
| Kirche | l'église [lehglis] |
| Rathaus | la mairie [la märi]/ |
| | l'hôtel de ville [lotäl dö wil] (Großstadt) |
| Schloss | le château [lö schatoh] |

| | |
|---|---|
| Stadtplan | le plan (de la ville) [lö plang (dö la wil)] |
| Stadtzentrum | le centre de la ville [santre dö la wil] |

## ◼ DATUMS- & ZEITANGABEN ◼

| | |
|---|---|
| Montag | lundi [längdi] |
| Dienstag | mardi [mardi] |
| Mittwoch | mercredi [märkrödi] |
| Donnerstag | jeudi [schödi] |
| Freitag | vendredi [wangdrödi] |
| Samstag | samedi [samdi] |
| Sonntag | dimanche [dimangsch] |
| heute/morgen | aujourd'hui [oschurdüi]/demain [dömäng] |
| täglich | par jour [par schur] |
| Wie viel Uhr ist es? | Quelle heure est-il? [käl_ör ät_il] |
| Es ist 3 Uhr. | Il est trois heures. [il_ät truas_ör] |
| Es ist halb 3. | Il est deux heures et demie. |
| | [il_ät döhs_ör eh dmi] |
| Es ist Viertel vor 3. | Il est trois heures moins le quart. |
| | [il_ät truas_ör muängl kar] |
| Es ist Viertel nach 3. | Il est trois heures et quart. [il_ät truas_ör eh kar] |

## ◼ ESSEN & TRINKEN ◼

| | |
|---|---|
| Die Speisekarte, bitte. | La carte, s.v.p. [la kart sil wu plä] |
| Ich nehme … | Je prendrai … [schö prangdrä] |
| Bitte ein Glas … | Un verre de …, s.v.p. [äng wär dö … sil wu plä] |
| Besteck | les couverts [leh kuwär] |
| Messer/Gabel/Löffel | le couteau [lä kutoh]/la fourchette |
| | [la furschät]/la cuillère [la kuijär] |
| Vorspeise | le hors-d'œuvre [lö ordöwr] |
| Hauptgericht | le plat de résistance [lö plad rehsistangs] |
| Nachspeise | le dessert [lö dehsär] |
| Salz/Pfeffer | le sel [lö säl]/le poivre [lö puawr] |
| scharf | fort,e [for, fort] |
| Ich bin Vegetarier/in. | Je suis végétarien. [schö süi weschetariang ] |
| Trinkgeld | le pourboire [lö purbuar] |
| Die Rechnung, bitte. | L'addition, s.v.p. [ladisjong sil wu plä] |

## ◼ EINKAUFEN ◼

| | |
|---|---|
| Wo kann ich … kaufen? | Où est-ce qu'on peut acheter …? |
| | [u äs kong pöht aschteh] |
| Apotheke | la pharmacie [la farmasi] |
| Bäckerei | la boulangerie [la bulangschri] |
| Kaufhaus | le grand magasin [lö grang magasäng] |
| Lebensmittelgeschäft | l'épicerie [lehpisri] |

| | |
|---|---|
| Markt | le marché [lö marscheh] |
| Haben Sie …? | Vous avez …? [wus_aweh] |
| Ich möchte … | J'aimerais … [schämrä] |
| Eine Einkaufstüte, bitte. | Un sac, s.v.p. [äng sak sil wu plä] |
| Das gefällt mir nicht. | Ça ne me plaît pas. [san mö plä pa] |
| Wie viel kostet es? | Combien ça coûte? [kongbjäng sa kut] |
| Nehmen Sie Kreditkarten? | Vous prenez les cartes de crédit? |
| | [wu pröneh leh kart dö krehdi] |

## ÜBERNACHTEN

| | |
|---|---|
| Ich habe bei Ihnen ein Zimmer reserviert. | J'ai réservé une chambre chez vous. [schö rehsärweh ün schangbrö scheh wu] |
| Haben Sie noch … | Est-ce que vous avez encore … [äs_kö wus_aweh angkor] |
| … ein Einzelzimmer? | … une chambre pour une personne? [ün schangbr pur ün pärsonn] |
| … ein Zweibettzimmer? | … une chambre pour deux personnes? [ün schangbr pur döh pärsonn] |
| Was kostet das Zimmer mit Frühstück? | Quel est le prix de la chambre, petit déjeuner compris? [käl_ä lö prid la schangbr pti dehschöneh kongpri] |

## PRAKTISCHE INFORMATIONEN

| | |
|---|---|
| Können Sie mir einen Arzt empfehlen? | Vous pourriez recommander un médecin, s.v.p.? [wu purjeh rökommang deh äng bong mehdsäng sil wu plä] |
| Ich habe hier Schmerzen. | J'ai mal ici. [scheh mal isi] |
| Eine Briefmarke, bitte. | Un timbre, s.v.p. [äng tambre sil wu plä] |
| Postkarte | la carte postale [la kart postal] |
| Wo ist hier bitte eine Bank? | Pardon, je cherche une banque. [pardong schö schärsch ün bangk] |
| Geldautomat | la billetterie [la bijätri] |

## ZAHLEN

| | | | | |
|---|---|---|---|---|
| 1 | un, une [äng, ühn] | 11 | onze [ongs] |
| 2 | deux [döh] | 12 | douze [dus] |
| 3 | trois [trua] | 20 | vingt [wäng] |
| 4 | quatre [katr] | 50 | cinquante [sängkangt] |
| 5 | cinq [sängk] | 100 | cent [sang] |
| 6 | six [sis] | 200 | deux cents [döh sang] |
| 7 | sept [sät] | 500 | cinque cents [sängk sang] |
| 8 | huit [üit] | 1000 | mille [mil] |
| 9 | neuf [nöf] | 1/2 | un demi [äng dmi] |
| 10 | dix [dis] | 1/4 | un quart [äng kar] |

Weingut Rochepot

## > UNTERWEGS IN BURGUND

Die Seiteneinteilung für den Reiseatlas finden Sie auf
dem hinteren Umschlag dieses Reiseführers

REISE
ATLAS

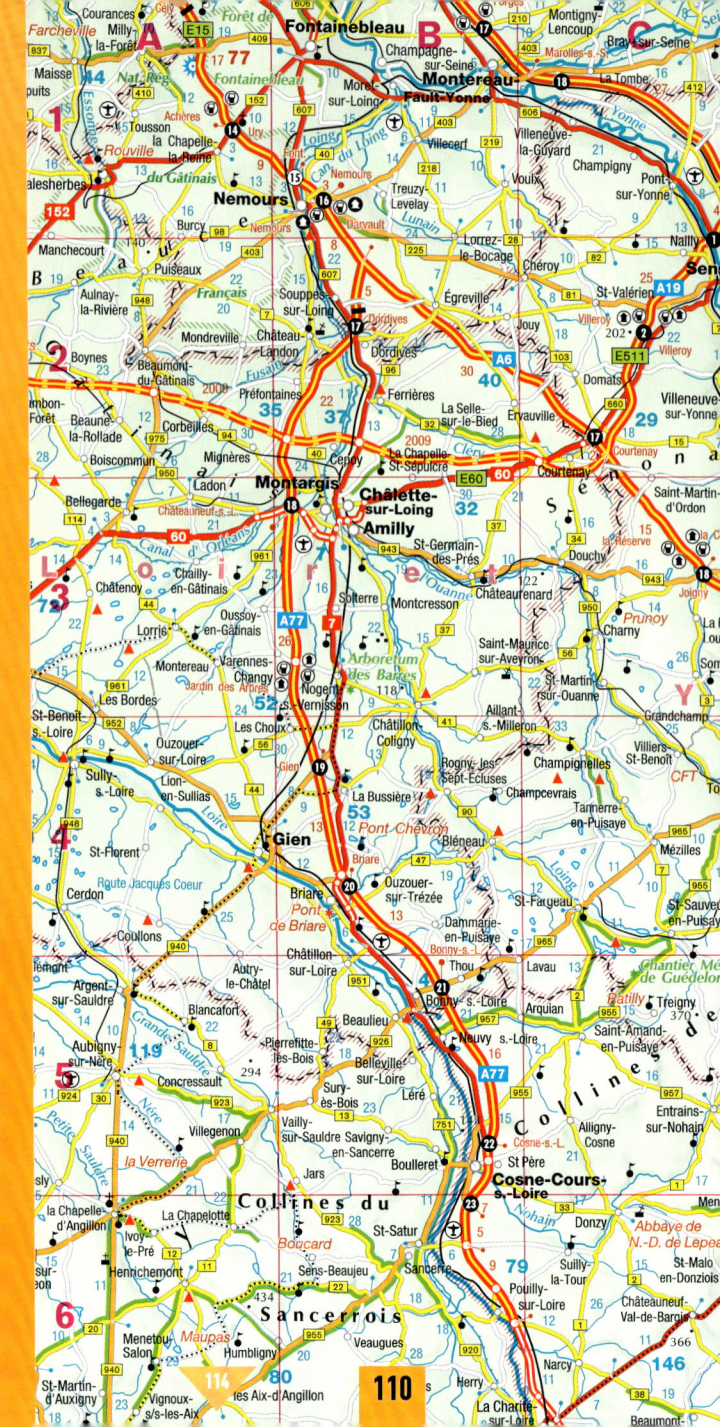

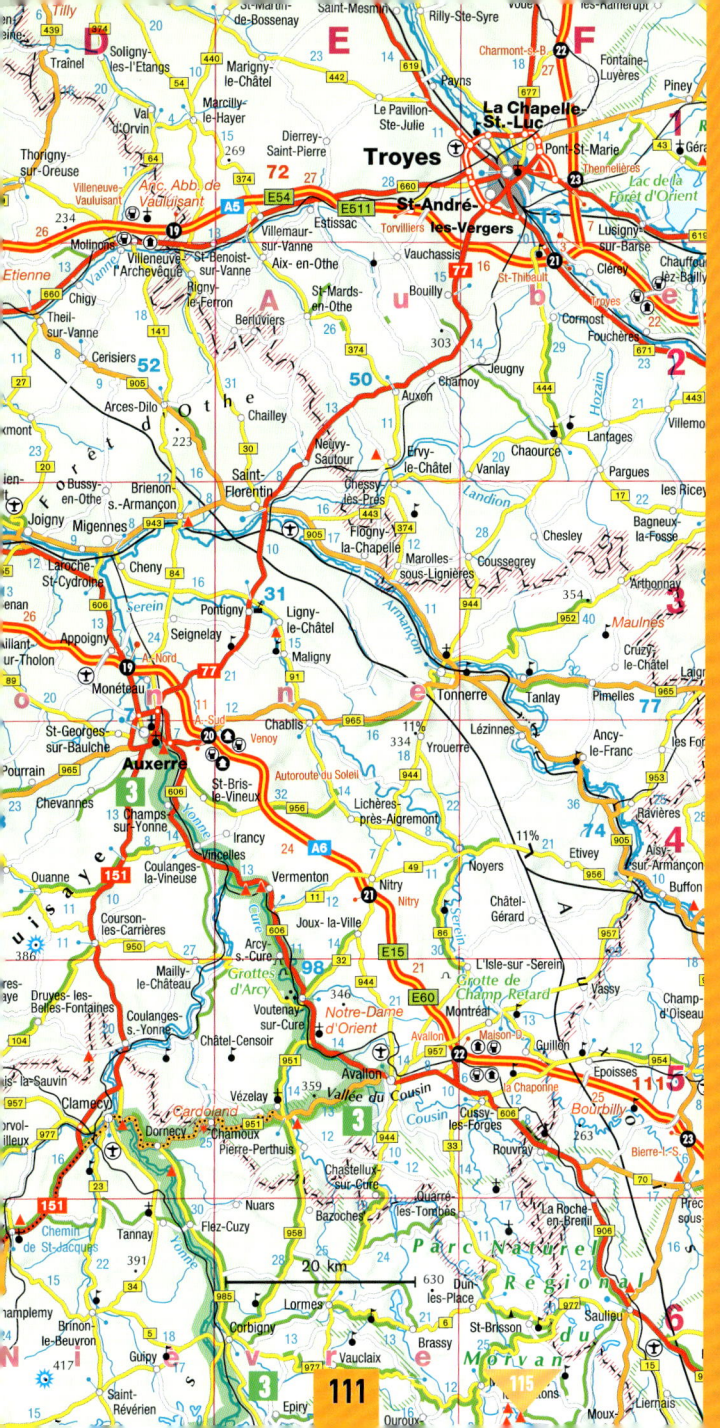

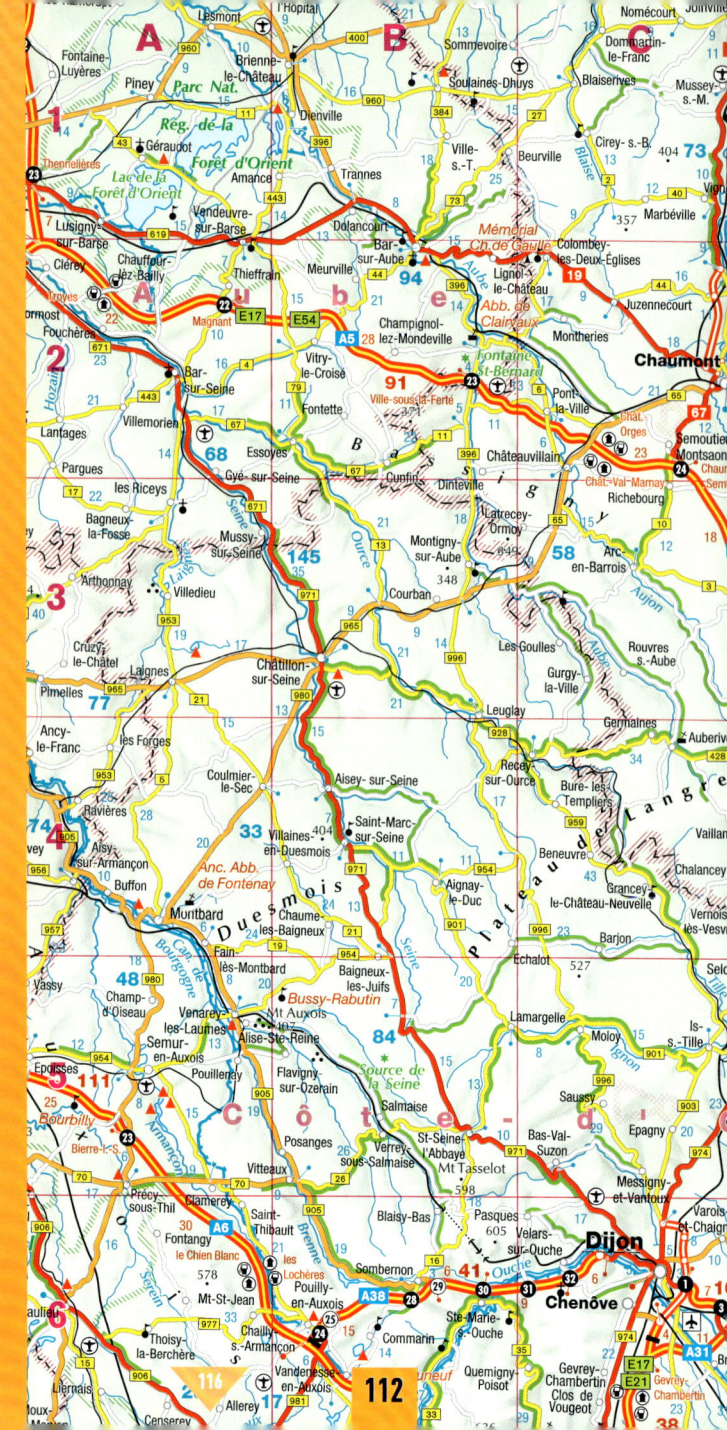

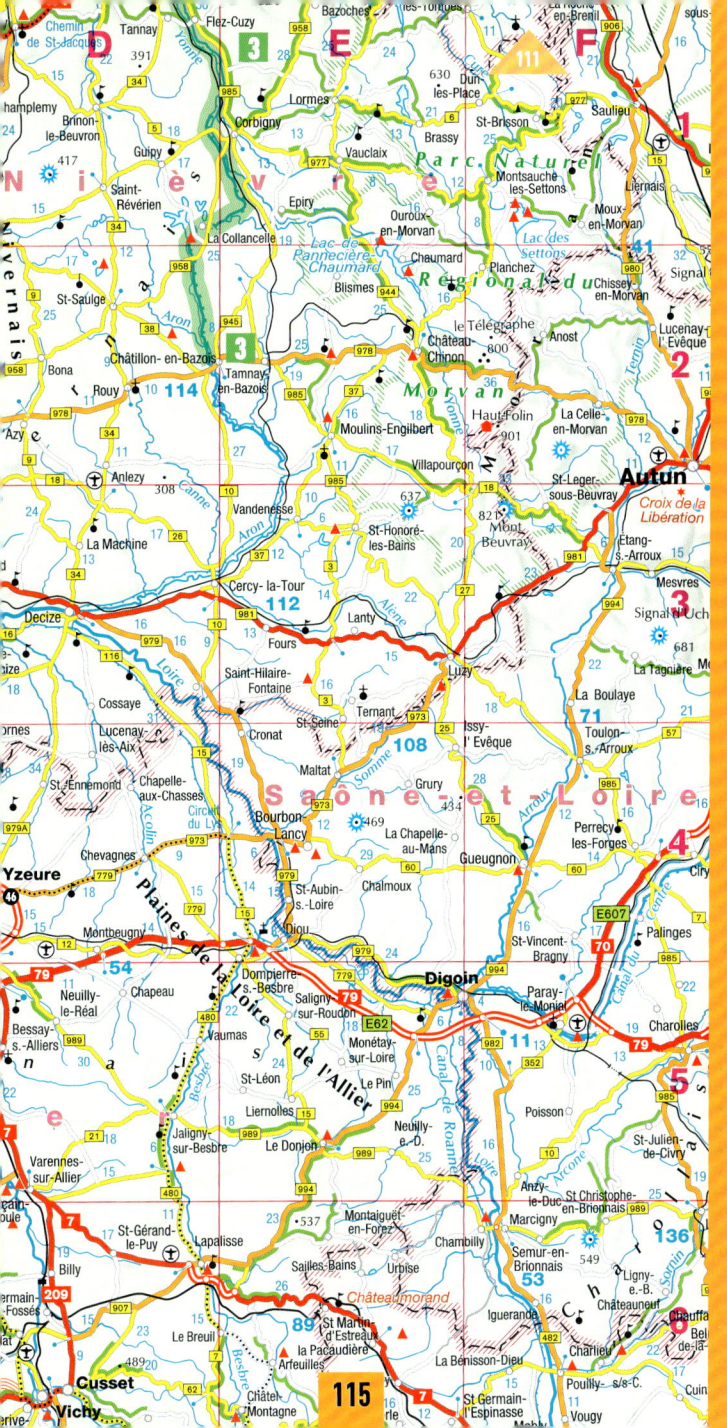

| | |
|---|---|
| Autobahn mit Anschlussstellen | Motorway with junctions |
| Autobahn in Bau | Motorway under construction |
| Mautstelle | Toll station |
| Raststätte mit Übernachtung | Roadside restaurant and hotel |
| Raststätte | Roadside restaurant |
| Tankstelle | Filling-station |
| Autobahnähnliche Schnell-straße mit Anschlussstelle | Dual carriage-way with motorway characteristics with junction |
| Fernverkehrsstraße | Trunk road |
| Durchgangsstraße | Thoroughfare |
| Wichtige Hauptstraße | Important main road |
| Hauptstraße | Main road |
| Nebenstraße | Secondary road |
| Eisenbahn | Railway |
| Autozug-Terminal | Car-loading terminal |
| Zahnradbahn | Mountain railway |
| Kabinenschwebebahn | Aerial cableway |
| Eisenbahnfähre | Railway ferry |
| Autofähre | Car ferry |
| Schifffahrtslinie | Shipping route |
| Landschaftlich besonders schöne Strecke | Route with beautiful scenery |
| Touristenstraße | Tourist route |
| Wintersperre | Closure in winter |
| Straße für Kfz gesperrt | Road closed to motor traffic |
| Bedeutende Steigungen | Important gradients |
| Für Wohnwagen nicht empfehlenswert | Not recommended for caravans |
| Für Wohnwagen gesperrt | Closed for caravans |

| | |
|---|---|
| *Wartenstein* *Umbalfälle* | Sehenswert: Kultur - Natur<br>Of interest: culture - nature |
| Badestrand | Bathing beach |
| Besonders schöner Ausblick | Important panoramic view |
| Ausflüge & Touren | Excursions & tours |
| Nationalpark, Naturpark | National park, nature park |
| Sperrgebiet | Prohibited area |
| Kirche | Church |
| Kloster | Monastery |
| Schloss, Burg | Palace, castle |
| Moschee | Mosque |
| Ruinen | Ruins |
| Leuchtturm | Lighthouse |
| Turm | Tower |
| Höhle | Cave |
| Ausgrabungsstätte | Archaeological excavation |
| Jugendherberge | Youth hostel |
| Allein stehendes Hotel | Isolated hotel |
| Berghütte | Refuge |
| Campingplatz | Camping site |
| Flughafen | Airport |
| Regionalflughafen | Regional airport |
| Flugplatz | Airfield |
| Staatsgrenze | National boundary |
| Verwaltungsgrenze | Administrative boundary |
| Grenzkontrollstelle | Check-point |
| Grenzkontrollstelle mit Beschränkung | Check-point with restrictions |
| **PARIS** | Hauptstadt<br>Capital |
| MARSEILLE | Verwaltungssitz<br>Seat of the administration |

Hotel-Dieu in Beaune

# REGISTER

*In diesem Register sind alle in diesem Reiseführer erwähnten Orte und Ausflugsziele verzeichnet. Halbfette Seitenzahlen verweisen auf den Haupteintrag, kursive auf ein Foto.*

# IMPRESSUM

## > SCHREIBEN SIE UNS!

### Liebe Leserin, lieber Leser,

wir setzen alles daran, Ihnen möglichst aktuelle Informationen mit auf die Reise zu geben. Dennoch schleichen sich manchmal Fehler ein – trotz gründlicher Recherche unserer Autoren/innen. Sie haben sicherlich Verständnis, dass der Verlag dafür keine Haftung übernehmen kann.

Wir freuen uns aber, wenn Sie uns schreiben.

Senden Sie Ihre Post an die MARCO POLO Redaktion, MAIRDUMONT, Postfach 31 51, 73751 Ostfildern, info@marcopolo.de

## IMPRESSUM

Titelbild: Weinberge mit Windmühle (Bilderberg: Poupinet)
Fotos: Bilderberg: Poupinet (1); Bourgogne Tourisme: Alain Doire (13 u., 14 u.); W. Dieterich (3 l., 3 M., 3 r., 8/9, 11, 26, 28, 28/29, 29, 39, 41, 42, 44, 48/49, 50, 62, 78, 92/93, 119); Forme & Zen (91 M.r.); © fotolia.com: drx (91 u.r.), Jo Ann Snover (90 M.l.), Graça Victoria (15 o.); M. Görgens (123); Les Grillons du Morvan (90 o.l.); HB Verlag: Kiedrowski (2 r., 22/23, 95, 99); Huber: Damm (81, 108/109); Gräfenhain (47, 73), Kiedrowski (2 l., 4 r., 89); Imaginarium Nuits-St-Georges: Photothèque Boisset (90 u.r.); © iStockphoto.com: Carl Durocher (91 M.l.); J2M communication (15 u.); Angie Kayak (90 M.r.); Laif: Hahn (55), Heeb (5, 6/7, 21, 58, 60/61, 68/69, 75, 76, 86/87), Hemispheres (35), Kirchgessner (19); Nathalye Langner (12 o.); Laif/Hemispheres: Hervé Lenain (67); Look: Johaentges (57), Mauritius: Messerschmidt (Klappe r.), Photononstop (16/17); picture-alliance/akg-images (70); Office de Tourisme de Dijon: Atelier Démoulin (91 o.l.); Parc Saint Léger (13 o.); Les Roulottes de Campagne (12 u.); Schuster: Explorer (23, 27, 36), Hall (Klappe l.); Spa en Bourgogne: Images & Associés (15 M.); T. Stankiewicz (24/25, 32, 96/97); M. Thomas (4 l., 22, 30/31, 85); Sara Tintinger (14 o.); Vintage: Jüttner (65, 82); E. Wrba (53)

### 1. (7.), komplett neu erstellte Auflage 2009

© MAIRDUMONT GmbH & Co. KG, Ostfildern
Verlegerin: Stephanie Mair-Huydts; Chefredaktion: Michaela Lienemann, Marion Zorn
Autor: Manfred Görgens; Redaktion: Marlis von Hessert-Fraatz
Programmbetreuung: Cornelia Bernhart, Jens Bey; Bildredaktion: Barbara Schmid, Gabriele Forst
Szene/24h: wunder media, München
Kartografie Reiseatlas: © MAIRDUMONT, Ostfildern
Innengestaltung: Zum goldenen Hirschen, Hamburg; Titel/S. 1–3: Factor Product, München
Sprachführer: in Zusammenarbeit mit Ernst Klett Sprachen GmbH, Stuttgart, Redaktion PONS Wörterbücher
Printed in Germany. Gedruckt auf 100% chlorfrei gebleichtem Papier

# FÜR IHRE NÄCHSTE REISE

gibt es folgende MARCO POLO Titel:

## DEUTSCHLAND

Allgäu
Amrum/Föhr
Bayerischer Wald
Berlin
Bodensee
Chiemgau/Berchtes-
  gadener Land
Dresden/Sächsische
  Schweiz
Düsseldorf
Eifel
Erzgebirge/Vogtland
Franken
Frankfurt
Hamburg
Harz
Heidelberg
Köln
Lausitz/Spreewald/
  Zittauer Gebirge
Leipzig
Lüneburger Heide/
  Wendland
Mark Brandenburg
Mecklenburgische
  Seenplatte
Mosel
München
Nordseeküste
  Schleswig-
  Holstein
Oberbayern
Ostfriesische Inseln
Ostfriesland/
  Nordseeküste
  Niedersachsen/
  Helgoland
Ostseeküste
  Mecklenburg-
  Vorpommern
Ostseeküste
  Schleswig-
  Holstein
Pfalz
Potsdam
Rheingau/
  Wiesbaden
Rügen/Hiddensee/
  Stralsund
Ruhrgebiet
Schwäbische Alb
Schwarzwald
Stuttgart
Sylt
Thüringen
Usedom
Weimar

## ÖSTERREICH | SCHWEIZ

Berner Oberland/
  Bern
Kärnten
Österreich
Salzburger Land

Schweiz
Tessin
Tirol
Wien
Zürich

## FRANKREICH

Bretagne
Burgund
Côte d'Azur/
  Monaco
Elsass
Frankreich
Französische
  Atlantikküste
Korsika
Languedoc-
  Roussilon
Loire-Tal
Normandie
Paris
Provence

## ITALIEN | MALTA

Apulien
Capri
Dolomiten
Elba/Toskanischer
  Archipel
Emilia-Romagna
Florenz
Gardasee
Golf von Neapel
Ischia
Italien
Italienische Adria
Italien Nord
Italien Süd
Kalabrien
Ligurien/
  Cinque Terre
Mailand/Lombardei
Malta/Gozo
Oberital. Seen
Piemont/Turin
Rom
Sardinien
Sizilien/
  Liparische Inseln
Südtirol
Toskana
Umbrien
Venedig
Venetien/Friaul

## SPANIEN | PORTUGAL

Algarve
Andalusien
Barcelona
Baskenland/Bilbao
Costa Blanca
Costa Brava
Costa del Sol/Granada
Fuerteventura
Gran Canaria

Ibiza/Formentera
Jakobsweg/Spanien
La Gomera/El Hierro
Lanzarote
La Palma
Lissabon
Madeira
Madrid
Mallorca
Menorca
Portugal
Sevilla
Spanien
Teneriffa

## NORDEUROPA

Bornholm
Dänemark
Finnland
Island
Kopenhagen
Norwegen
Schweden
Südschweden/
  Stockholm

## WESTEUROPA | BENELUX

Amsterdam
Brüssel
Dublin
England
Flandern
Irland
Kanalinseln
London
Luxemburg
Niederlande
Niederländische
  Küste
Schottland
Südengland

## OSTEUROPA

Baltikum
Budapest
Estland
Kaliningrader
  Gebiet
Lettland
Litauen/Kurische
  Nehrung
Masurische Seen
Moskau
Plattensee
Polen
Polnische Ostsee-
  küste/Danzig
Prag
Riesengebirge
Russland
Slowakei
St. Petersburg
Tschechien
Ungarn
Warschau

## SÜDOSTEUROPA

Bulgarien
Bulgarische
  Schwarzmeerküste
Kroatische Küste/
  Dalmatien
Kroatische Küste/
  Istrien/Kvarner
Montenegro
Rumänien
Slowenien

## GRIECHENLAND | TÜRKEI | ZYPERN

Athen
Chalkidiki
Griechenland
  Festland
Griechische
  Inseln/Ägäis
Istanbul
Korfu
Kos
Kreta
Peloponnes
Rhodos
Samos
Santorin
Türkei
Türkische Südküste
Türkische Westküste
Zakinthos
Zypern

## NORDAMERIKA

Alaska
Chicago und
  die Großen Seen
Florida
Hawaii
Kalifornien
Kanada
Kanada Ost
Kanada West
Las Vegas
Los Angeles
New York
San Francisco
USA
USA Neuengland/
  Long Island
USA Ost
USA Südstaaten/
  New Orleans
USA Südwest
USA West
Washington D.C.

## MITTEL- UND SÜDAMERIKA

Argentinien
Brasilien
Chile
Costa Rica
Dominikanische
  Republik

Jamaika
Karibik/
  Große Antillen
Karibik/
  Kleine Antillen
Kuba
Mexiko
Peru/Bolivien
Venezuela
Yucatán

## AFRIKA | VORDERER ORIENT

Ägypten
Djerba/
  Südtunesien
Dubai/Vereinigte
  Arabische Emirate
Israel
Jerusalem
Jordanien
Kapstadt/
  Wine Lands/
  Garden Route
Kenia
Marokko
Namibia
Qatar/Bahrain/
  Kuwait
Rotes Meer/Sinai
Südafrika
Tunesien

## ASIEN

Bali/Lombok
Bangkok
China
Hongkong/
  Macau
Indien
Japan
Ko Samui/
  Ko Phangan
Malaysia
Nepal
Peking
Philippinen
Phuket
Rajasthan
Shanghai
Singapur
Sri Lanka
Thailand
Tokio
Vietnam

## INDISCHER OZEAN | PAZIFIK

Australien
Malediven
Mauritius
Neuseeland
Seychellen
Südsee

# > UNSER AUTOR

Ein Interview mit MARCO POLO Insider Manfred Görgens

Der Journalist, Buchautor und Fotograf Manfred Görgens lebt auf dem Land nahe Köln und verbringt mehrere Monate im Jahr in Frankreich

### Wie entstand Ihre Liebe zu Frankreich?

Als Schüler stand ich mit Frankreich auf Kriegsfuß. Französische Spielfilme fand ich langatmig, die Sprache war anscheinend nicht zu begreifen, Gauloises stanken zum Himmel. Die erste Reise 1971, eigentlich nur ein Transit, schien alle Vorurteile zu bestätigen. Es hat 20 Jahre gedauert, bis ich mein Trauma aus dem Französisch-Unterricht überwunden hatte. Das war wie eine Offenbarung, auf die dann unzählige Reisen folgten.

### Welche Rolle spielt dabei Burgund?

Für ein Buch zur Romanik habe ich Burgund erstmals besucht, auch da war es keine Liebe auf den ersten Blick. Die Winter können ja auch schrecklich sein: nicht hart, aber grau und verregnet. Wenn es grün wird in den Weinbergen, sieht die Welt dann ganz anders aus. Da lernt man schnell diese besondere Mischung aus Kultur, hervorragender Küche und landschaftlicher Vielfalt schätzen. Burgund ist für mich eine besonders spannende Antithese zum Bordelais, das ich ebenfalls sehr intensiv bereise: zwei Weinregionen mit jeweils eigener Philosophie, nicht nur

beim Keltern. Gerade im Kontrast vertieft sich das Verständnis, begreife ich Burgund als eine bäuerlich-mönchisch geprägte Landschaft, die Feinsinn und Lebensfreude aus dem Bauch heraus entwickelt.

### Was genau machen Sie beruflich?

Ich war immer schon als Freiberufler tätig: Übersetzer, Lektor, Verleger, Buchautor und Fotograf. Seit ein paar Jahren arbeite ich regelmäßig und erfolgreich für zwei Tageszeitungen. Aber das kann sich schnell ändern. Wenn eine Sache gut läuft, drängt es mich zu neuen Plänen. Mit der Vielseitigkeit und immer neuem Wissen wachsen die möglichen Aufgabengebiete.

### Wie sehen Ihre Reisen aus?

Ich mag es nicht, allzu lange an einem Ort zu sein. Selbst mein Wohnsitz in Deutschland wechselt relativ häufig. Wenn ich in einem fremden Land bin, möchte ich mich dort bewegen, gern auch wandernd.

### Was tun Sie in Ihrer Freizeit am liebsten?

Die Arbeit bei der Zeitung bringt unglaublich viel Abwechslung, da lernt man immer neue Menschen und Lebenskonzepte kennen. Ich fühle mich wohl, solange ich kein TV sehen muss, spiele Gitarre, fotografiere, schreibe, reise. Nur die Unterscheidung zwischen Beruf und Freizeit gelingt mir nicht mehr. Das führt dazu, dass ich so manche Nacht am Schreibtisch verbringe.

# > BLOSS NICHT!

## Ein paar Tipps, was Sie in Burgund möglichst vermeiden sollten

### Die Mittagsruhe stören

Zwischen 12 und 14 Uhr ruht Frankreich und folgt dabei einem nationalen Herdentrieb, der uns kurios anmutet. Lassen Sie sich lieber nicht einfallen, nach oder auch kurz vor dem Glockenschlag schnell noch was erledigen zu wollen. Sie ernten böse Mienen und kommen wahrscheinlich gar nicht zu Ihrem Ziel.

### Mit dem Wohnmobil protzen

Die Elefanten im Straßenverkehr werden von französischen Autofahrern als Störenfriede betrachtet und gerne auch mal abgedrängt. Versuchen Sie nicht, den Spieß umzudrehen und sich allzu breit zu machen oder den Verkehr durch betont entspannte Fahrt zu behindern. Zügig, aber nicht zu schnell heißt die Devise. In größeren Ortschaften müssen Sie am Stadtrand parken.

### Allzu lässige Kleidung tragen

Auf dem Land wird trotz des hohen Urlauberaufkommens manches noch ein wenig enger gesehen. Mit allzu luftiger Freizeitbekleidung sollten Sie nicht in die Kirche gehen, zu einem aufwendigen Diner, womöglich noch mit Geschäftspartnern, sollten Sie nicht zu zwanglos erscheinen. Eine Krawatte kann schon Wunder wirken.

### Vom Hintermann nötigen lassen

Ein ausländisches Kennzeichen animiert viele französische Autofahrer dazu, einmal zu demonstrieren, wer der Herr im Hause ist. Lassen Sie sich auf keinen Fall jagen. Es warten viele stationäre und mobile Blitzfallen auf ihre Opfer, und die Strafen haben es in sich. Bei allzu hohen Übertretungen können Sie sogar im Gefängnis landen. Vor allem aber besteht für Sie als Ortsfremder ein ungleich höheres Unfallrisiko.

### Als Sprachmuffel bei Pizza und Pommes verweilen

Die kulinarischen Genüsse sind ein Markenzeichen Burgunds. Leider werden die Namen der Gerichte nur selten ins Englische oder gar Deutsche übersetzt. Ein kleines Wörterbuch fürs Restaurant gehört unbedingt ins Gepäck. Zwar halten Sie damit noch nicht den Schlüssel zum Gourmethimmel in der Hand, können sich aber gegen die schlimmsten Überraschungen absichern – und auf die schönsten Freuden vorbereiten.

### Wein durch die Landschaft kutschieren

Gerade wenn Sie Ihren Besuch beim Winzer für die ersten Urlaubstage einplanen, ist die Verlockung groß, die Einkäufe für den Rest der Zeit im Kofferraum zu belassen. Aber der Wein leidet unter den hohen Temperaturschwankungen und Vibrationen. Besteht keine Möglichkeit, ihn kühl und ruhig zu lagern, verschieben Sie den Einkauf auf den letzten Tag in Burgund. Der Verkäufer wird Sie außerdem beraten, wann der Wein nach der langen Heimfahrt entkorkt werden darf.